Bernd-Peter Arnold

Die uninformierte Gesellschaft

Bernd-Peter Arnold

DIE UNINFORMIERTE GESELLSCHHAFT

Bibliografische Information der Deutschen Nationalbibliothek
Die Deutsche Nationalbibliothek verzeichnet diese Publikation in der Deutschen Nationalbibliografie; detaillierte bibliografische Daten sind im Internet über http://dnb.d-nb.de abrufbar.
1. Aufl. - Göttingen: Cuvillier, 2021

Nonnenstieg 8, 37075 Göttingen
Telefon: 0551-54724-0
Telefax: 0551-54724-21
www.cuvillier.de

1. Auflage, 2021
Gedruckt auf umweltfreundlichem, säurefreiem Papier aus nachhaltiger Forstwirtschaft.

ISBN 978-3-7369-7490-6
eISBN 978-3-7369-6490-7

Inhalt

Zu diesem Buch

Dass wir in einer Informationsgesellschaft leben, ist wohl unstrittig. Informations- und Kommunikationstechniken sind allgegenwärtig und erstrecken sich in alle Lebensbereiche. Überall sind wir von Informationen umgeben. Wir nehmen sie wahr, ob wir wollen oder nicht. So scheint es zumindest. Ist unsere Gesellschaft deshalb aber auch eine informierte Gesellschaft? Führt das ständige Mehr an Informationen auch zu mehr Informiertheit? Lassen sich viele Menschen möglicherweise täuschen, lassen sie sich von vielen Informationsquellen nur einreden, sie würden informiert – möglicherweise in manipulativer Absicht? Um diese Fragen geht es in diesem Buch.

‚Information' ist natürlich ein sehr weiter Begriff, zunächst bezeichnet er alles, was mittels eines Mediums von einem Akteur zu einem anderen übertragen wird oder auch von einem Individuum sinnlich wahrgenommen werden kann. Um die Frage zu beantworten, ob wir in einer ‚informierten' Gesellschaft leben, werde ich mich daher im Folgenden auf im weitesten Sinne journalistische Informationen zum sozialen, politischen, wirtschaftlichen und kulturellen Zeitgeschehen beschränken. Im Zentrum stehen daher die Rolle der klassischen Informationsmedien Radio, Fernsehen und Zeitung sowie der Neuen Medien und die mit ihnen noch immer einhergehenden Veränderungen in der Medienlandschaft. Dabei geht es um die Grundsatzfrage, ob die wachsende Informationsflut nicht mit vielem Unwichtigem die Kanäle für Wichtiges verstopft.

Neben der Vielzahl ungeordneter Informationen erschwert es uns aber auch die (bewusste) Manipulation von Informationen tatsächlich informiert zu sein, etwa durch ihre Auswahl, die Art und Weise wie sie visuell und sprachlich präsentiert werden oder auch die Interessen der Anbieter von Informationen, etwa Unternehmen, Verbänden, Parteien, Stiftungen oder politische Institutionen. Und nicht zuletzt tragen auch Journalistinnen und Journalisten zu diesem Problem bei, sei es aufgrund ihres beruflichen Selbstverständnisses, sei es aufgrund mangelnder Professionalität.

Diese Probleme sind bekannt und es gibt zahlreiche Versuche, auch professionelle, die Informationsdefizite in unserer Gesellschaft aufzuarbeiten. Sie lösen aber meist nur Teile des Problems. Der Kern des Problems besteht nämlich darin, dass sich viele Menschen zwar punktuell, begrenzt auf spezielle Interessengebiete, sehr detailliert mit Informationen versorgen, ihnen aber der Überblick über das Gesamtgeschehen, ein Gesamtbild von den gesellschaftlich relevanten Ereignissen fehlt. Die Lösung kann daher nicht in einzelnen – gewiss gut gemeinten – Projekten bestehen, die punktuell für bessere Informationen sorgen, aber das gesamtgesellschaftliche Problem kaum erfassen können. Ein besserer, professioneller Journalismus könnte allerdings umfassend dazu beitragen, aus der Informationsgesellschaft auch eine informierte Gesellschaft zu machen. Indem Themen, Ereignisse und Nachrichten sorgfältiger und kritischer ausgewählt sowie Hintergründe und Zusammenhänge besser erklärt werden. Nur so können professionelle Informationsangebote den Wettbewerb mit dubiosen Informationsquellen gewinnen.

Informationsgesellschaft oder informierte Gesellschaft?

Wenn man sich im Alltag umschaut, auf Straßen, in Bahnen und Bussen, in Restaurants, auf Parkbänken – wo auch immer – dann drängt sich der Eindruck auf, die Menschen in unserer Zeit seien an nichts mehr interessiert als an Informationen. Das Flimmern hinter Wohnungsfenstern, die Geräusche aus an Ampeln wartenden Autos, Fußgänger und Radfahrerinnen mit Handy und Kopfhörern zeigen, dass Medien permanent genutzt werden.

Der beinahe ununterbrochene Gebrauch des Smartphones und die nach wie vor starke Nutzung traditioneller Medien drängen die Vermutung auf, wir befänden uns in einer Informationsgesellschaft. Dies mag technisch gesehen stimmen. Anders und sehr viel differenzierter zu beantworten ist demgegenüber die Frage, ob wir uns auch in einer informierten Gesellschaft befinden – idealerweise vielleicht sogar in einer Wissensgesellschaft. Es geht darum, ob die Mehrzahl der Bürgerinnen und Bürger umfassend über das Zeitgeschehen und vor allem über die gesellschaftlichen Zusammenhänge informiert ist, ob sie einen Überblick über das Geschehen in der Welt haben oder ob sie allenfalls punktuell informiert sind – sei es entsprechend ihrer Interessen oder denen von Medienakteuren. Es stellt sich die Frage, ob ein Mehr an Informationen zugleich eine größere Informiertheit zur Folge hat. Um es gleich vorab zu sagen: Eher nicht.

Informiertheit hängt nicht in erster Linie von der Menge an Informationen ab, sondern von deren Qualität. Dabei spielen professionelle Auswahl und Gewichtung, sinnvolle Einordnung und die Erläuterung von Hintergründen und Zusammenhängen eine ebenso große Rolle wie die professionelle Redlichkeit der Lieferanten von Informationen.

Die Kommunikationswissenschaft in den USA und in Kanada stellt immer wieder fest, unsere Gesellschaft sei „overnewsed, but underinformed" – die Menschen erhielten zu viele Nachrichten, sie seien aber zu wenig informiert. Kurzum, die Menge der oft unwichtigen und überflüssigen Informationen verstopft und blockiert die Kanäle für Wichtiges und vor allem für die Zusammenhänge. Diese Erkenntnis ist keinesfalls neu. Sie entstand nicht erst in Zeiten des Internets, des Smartphones und der Manipulation vieler Menschen durch soziale Medien sowie in Filterblasen und Echokammern. Der deutsche Kommunikationswissenschaftler Winfried Schulz beschrieb das Phänomen bereits 1987 in einem damals durchaus kritisch betrachteten Aufsatz, dessen wesentliche Passagen auch heute hätten verfasst sein können:

> „Der Transport von Information über beliebige Entfernungen in kürzester Zeit ist heute überhaupt kein Problem mehr [...] es mehren sich jedoch die Anzeichen dafür, dass dies keineswegs die informierte Gesellschaft zur Folge hat oder noch haben wird, sondern eher das Gegenteil: Desinformation, Orientierungsprobleme, Wirklichkeitsverlust [...]. Der tatsächliche Effekt ist immer der Gleiche und überrascht in immer gleicher Weise wegen desselben fundamentalen Irrtums, der in der Annahme begründet ist, dass ein Mehr an Information grundsätzlich zu mehr Informiertheit führt, also zu mehr Wissen und Verstehen, mehr Orientierungs- und Entscheidungsfähigkeit... Es sind keine eindeutig positiv zu bewertenden Indizien dafür zu erkennen, dass der Wandel zur

> Mediengesellschaft eine politisch informierte Gesellschaft hervorgebracht hat. Tatsächlich ist mit dem Zuwachs an Informationsquantität eher ein Verlust an Informationsqualität einhergegangen... Es tritt also die paradox erscheinende Situation ein, dass mit dem gesteigerten Angebot an gesellschaftlicher Information auch – und zwar proportional stärker – das Ausmaß des gesellschaftlichen Nichtwissens ansteigt. Oder andersherum betrachtet: Die Chance von Nachrichten, nicht veröffentlicht, nicht beachtet zu werden und damit unbekannt zu bleiben, nimmt ständig zu [...]. Was vorhanden ist, sind relativ oberflächliche Kenntnisse von einigen Personen, aktuellen Themen und Ereignissen, ferner das diffuse Gefühl, auf dem Laufenden zu sein und vor allem das Bekenntnis zum Interesse an der Politik."[1]

Eine bemerkenswerte Darstellung – wie gesagt aus dem Jahr 1987. Es geht um das immer größer werdende Problem, dem der professionelle Journalismus sich in seiner wichtigsten und zentralen Funktion gegenübersieht: Die Nachrichtenauswahl wird immer wichtiger, zugleich aber immer schwieriger. Die klassischen Medien sehen sich der Konkurrenz sozialer Medien und anderen Informationsplattformen gegenüber, die den Adressaten das Gefühl vermitteln, hier würden sie „richtig, umfassend und nicht interessengesteuert" informiert.

Deutlich wurde dies etwa bei der Berichterstattung über den Anschlag auf das Olympia-Einkaufszentrum in München im Jahr 2016. Über die sozialen Medien wurden damals zahlreiche Falschmeldungen verbreitet, die leichtfertig auch von klassischen Medien übernommen wurden. Der *Bayerische Rundfunk*, der diese Informationen nicht brachte, da sie nicht überprüfbar

1 Schulz, Winfried. „Politikvermittlung durch Massenmedien." In: Sarcinelli, Ulrich (Hrsg.). *Politikvermittlung. Beiträge zur politischen Kommunikationskultur*. Opladen, Wiesbaden: Westdeutscher Verlag, 1987, 129–144, hier 133.

waren, wurde mit einem „Shitstorm“ überzogen, weil er seinen Hörern wichtige Informationen vorenthalte.

Dass es heute eine Art Vermischung der Rollen zwischen Sendern und Empfängern gibt, dass sich jeder Mensch als Journalist betätigen kann, generiert natürlich kaum eine informiertere Gesellschaft als vielmehr ein weites Feld der Manipulation. Nichts gegen die Schilderung persönlicher Beobachtungen und Erlebnisse im Netz oder die Kommentierung von Ereignissen. Meist geht es dabei – dies wird gerne übersehen – um Kommentare und Anmerkungen zu Themen, die traditionelle Medien auf die Agenda gesetzt haben. Für die USA haben die Medienwissenschaftler Tom Rosenstiel und Bill Kovach dies bereits vor einiger Zeit gezeigt:

> „Wir haben [...] herausgefunden, dass selbst dieses Universum Neuer Medien dazu neigt, sich auf eine recht kleine Anzahl recht traditioneller Medienquellen zu verlassen und auf diese zu verlinken. Die *New York Times*, *Associated Press*, die *BBC*, *Reuters* und andere der üblichen Verdächtigen dominieren die Liste.“[2]

Das Internet gibt zwar den Bürgern mehr Stimme, aber auch denjenigen, die die öffentliche Meinung – zu welchem Zweck auch immer – manipulieren wollen. Ohne den Umweg über die Filterfunktion traditioneller Medien nehmen zu müssen, haben sie nun direkten Zugang zum Publikum. Die lautesten Stimmen und diejenigen, die die Adressaten in ihren Meinungen bestärken, sind die Gewinner. Hinzu kommt, dass falsch verstandenes Tempo der Information der Feind der Korrektheit ist.

2 Kovach, Bill; Rosenstiel, Tom. *Blur – How to know what's true in the Age of Information Overload.* New York: Bloomsbury, 2010, 152. Meine Übersetzung.

Der wachsende Einfluss internetbasierter Medien und Informationswege und damit einhergehend die wachsende Zahl an Informationsanbietern drängen den Verdacht auf, die klassischen Medien spielten in unserer Gesellschaft eine immer geringere Rolle. Genau das wird auch immer wieder – vor allem von Gegnern des öffentlich-rechtlichen Rundfunks aber auch von Medienunternehmen und Wissenschaftlerinnen und Wissenschaftlern – behauptet. Dass dies dennoch nicht der Fall ist, zeigen die aktuellen Zahlen zur Mediennutzung. Zweifellos haben sich die Nutzungsgewohnheiten verändert: Zeitungen werden zunehmend online gelesen, Radio und Fernsehen liefern zahlreiche nichtlineare Angebote über ihre Mediatheken, wenn auch die lineare Nutzung noch immer bei weitem dominiert. Und unabhängig davon, ob es sich dabei um lineare oder nichtlineare Nutzung handelt, sind es doch vor allem klassische journalistische Angebote, die am stärksten genutzt werden. Am besten lässt sich das, insbesondere wenn es um das Thema Information geht, an den Ergebnissen der *ARD/ZDF-Langzeitstudie Massenkommunikation* ablesen, die seit 1964 erstellt und regelmäßig veröffentlicht wird. Besonders aussagekräftig sind die Daten über das Zeitbudget, das die Deutschen für die Nutzung der diversen Medien aufwenden. Aktuell ergibt sich folgendes Bild: Mediennutzung insgesamt 424 Minuten täglich, Video 213 Minuten, Audio 179 Minuten, Text 53 Minuten, mediales Internet 120 Minuten und nichtmediales Internet inklusive internetbasierter Kommunikation 115 Minuten täglich.[3]

3 Kupferschmitt, Thomas; Müller, Thorsten. „Aktuelle Ergebnisse der repräsentativen Langzeitstudie ARD/ZDF-Massenkommunikation 2020. Mediennutzung im Intermediavergleich." *Media Perspektiven 7–8* (2020): 390-409, hier 392. „Mediales Internet" fasst die jeweils über das Internet genutzten Kategorien aus Video, Audio und Text zusammen; diese sind jeweils auch in „Video gesamt", „Audio gesamt" und „Text gesamt" enthalten. Darin enthalten ist auch die Nutzung von

Das mediale Internet spielt bei der Nutzungsdauer inzwischen zwar durchaus eine Rolle, aber die Nutzung der traditionellen Medien liegt weit davor. Daran hat sich übrigens in den zurückliegenden Jahren wenig verändert. Bemerkenswert ist, dass sich das Internetnutzungsverhalten der Älteren und der Jüngeren immer mehr angleicht.[4]

Im Rahmen der *ARD/ZDF-Onlinestudie* wird auch die Internetnutzung der deutschen Bevölkerung allgemein regelmäßig untersucht. Die aktuellen Zahlen zeigen, dass rund 94 % der deutschsprachigen Bevölkerung ab 14 Jahren das Internet zumindest gelegentlich nutzen, wobei es die deutlichsten Zuwächse bei der medialen Internetnutzung gab, das heißt der Nutzung klassischer Medien via Internet. Videostreaming-Dienste gehören mittlerweile für 36 % der Befragten zum Medienrepertoire. Auch das Livefernsehen im Internet gewinnt an Beliebtheit.[5]

Die Verbreitungswege der Medienangebote haben sich also deutlich verändert und werden sich gewiss auch weiter verändern. Die Zahlen zur Nutzungsdauer machen die nach wie vor herausragende Rolle der klassischen Informationsmedien deutlich. Dabei spielt sicherlich eine Rolle, dass diese sich zunehmend bemühen, neben aktueller Information auch Hintergrund, Einordnung und Orientierung zu liefern. Möglicherweise ist dies für manche Medien die wichtigste Überlebenschance. Die ausschließliche Nutzung der

---

Live-TV und Live-Radio, wenn die Nutzung über die Geräte Computer, Laptop, Smartphone, Tablet, Spielekonsole, Smartspeaker, WLAN-Radio erfolgte.

4 Frees, Beate; Kupferschmitt, Thomas; Müller, Thorsten. „ARD/ZDF-Massenkommunikation Trends 2019: Non-lineare Mediennutzung nimmt zu. Ergebnisse der repräsentativen Studie im Intermediavergleich." *Media-Perspektiven* 7–8 (2019): 314–333.

5 Beisch, Natalie; Schäfer, Carmen. „Internetnutzung mit großer Dynamik: Medien, Kommunikation, Social Media. Ergebnisse der ARD/ZDF-Onlinestudie 2020" *Media-Perspektiven* 9 (2020): 462–481.

Neuen Medien, insbesondere der sozialen Medien, bietet allenfalls punktuelle Information, aber keinen Gesamtüberblick über das alltägliche Geschehen oder die zum Verstehen erforderlichen Hintergrundinformationen.

Das Institut für Demoskopie Allensbach legte vor einiger Zeit eine Studie unter dem Titel „Mehr Internet, weniger Orientierung“ vor. Sie kommt unter anderem zu dem Ergebnis, dass die Rezipienten kontinuierlicher Informationsversorgung zunehmend weniger Bedeutung zumessen, da Informationen jederzeit bereit stehen und nach Bedarf genutzt werden können.

> „Weshalb verengt sich das Interessenspektrum in einem Umfeld, das so viele Informationen bietet wie nie zuvor? Die Daten legen nahe, dass gerade die jederzeit verfügbare Informationsfülle den Umgang mit Informationen grundlegend verändert. Das Wissen, dass Informationen jederzeit zur Verfügung stehen, wenn sie gebraucht werden, stellt im Bewusstsein der Bürger zunehmend den Wert der kontinuierlichen Information infrage. Knapp 40 % sind heute überzeugt, dass man sich im Zeitalter des Internets nicht täglich über das aktuelle Geschehen informieren muss, da die Informationen ja jederzeit bei Bedarf abgerufen werden können. Von den unter 30-Jährigen sind 61 % dieser Auffassung. Genau so wird das Internet von den meisten genutzt – bei Bedarf.“[6]

Allerdings, so die Allensbacher Studie weiter, hänge die Urteilsfähigkeit über Ereignisse und Entwicklungen davon ab, dass man sich kontinuierlich und nicht nur gelegentlich mit entsprechenden Informationen beschäftige. Bemerkenswert sind die Ergebnisse der Studie auch wenn es um die Frage geht, welche Medien von

6 Köcher, Renate. „Mehr Internet, weniger Orientierung. Mediennutzung im Vergleich.“ *Frankfurter Allgemeine Zeitung*, 25.01.2018, 5.

politisch Interessierten genutzt werden, die Ereignisse also eher kontinuierlich als punktuell verfolgen:

> „Bei Stichtagsbefragungen zeigt sich entsprechend, dass die tagesaktuelle Information nach wie vor von Fernsehen und Tageszeitung dominiert wird, während das Internet nur eine untergeordnete Rolle spielt. Dagegen führt das Internet, wenn sich die Bürger über ein bestimmtes Thema näher informieren möchten – also bei einem aktivierten und strukturierten Informationsbedarf. Die gezielte Informationssuche ist jedoch etwas völlig anderes als die kontinuierliche, nicht von vorneherein durch eigene Interessen vorstrukturierte Information [...]. Heute werden Kinder und Jugendliche schon früh an Selektion gewöhnt, also daran, die Themen abzurufen, die sie von vorneherein interessieren. Viele Interessen wachsen jedoch erst allmählich durch die kontinuierliche Auseinandersetzung mit Themen, die zunächst als nicht sonderlich interessant empfunden werden. Dieser Prozess wird von der geduldigen kontinuierlichen Information weitaus besser gefördert als von der Information bei Bedarf und entlang bereits bestehender Interessen. Unter 30-Jährige, die regelmäßig eine Tageszeitung lesen, haben ein wesentlich breiteres Interessenspektrum als Gleichaltrige, die auf die Tageszeitungslektüre weitgehend verzichten, ohne dass dies mit Schichteinflüssen zu erklären wäre.“[7]

Diese Erkenntnisse bestätigen, wie groß die Gefahr einer Spaltung der Gesellschaft in eine Informations-Zweiklassengesellschaft ist. Der kanadische Medienforscher Roger Bird sprach bereits 1997 von den „information rich“ und den „information poor“.[8]

Durch die nutzergenerierten Inhalte, Bürgermedien und Laienpublizisten hat die Quellenvielfalt im Vergleich zu früher deutlich zugenommen. Die Gefahr, dass professionelle Redaktionen diese

7 Köcher. „Mehr Internet, weniger Orientierung.“
8 Bird, Roger. *The End of News*. Toronto: Irwin Publishing, 1997, 29.

Quellen als tatsächliche Nachrichtenquellen nutzen, ist angesichts der Personalsituation in vielen Redaktionen und auch der Internetgläubigkeit mancher Journalistinnen und Journalisten leider nicht zu übersehen. Tatsächlich haben diese „Quellen" in der Regel allenfalls die Qualität von Aussagen Betroffener oder von Augenzeugen – und selbst diese müssen bekanntlich überprüft werden. Das Problem der Überprüfbarkeit von Äußerungen stellt sich in den elektronischen Medien, Radio und Fernsehen nicht erst jetzt, im Zeitalter des Internets als Veröffentlichungsplattform, für alle. Jeden und Jede zu Wort kommen zu lassen, ist als Idee beispielsweise in Mitmach-Sendungen auf den ersten Blick ein interessantes Konzept. Die sogenannten „Call-Ins", also Anrufsendungen, bergen jedoch stets das Risiko, dass nicht Vertretbares gesagt wird – bis hin zu Rechtsbrüchen. Man muss auch fragen, ob der öffentlich-rechtliche Rundfunk bei politischen Themen in diesen Fällen seine parteipolitische Neutralität wahren kann. Nicht zuletzt deshalb spielen viele dieser Sendungen eher im Service- und Unterhaltungsbereich und weniger im Feld der Politik. Ein Korrektiv bilden oft Experten im Studio. Auch die Liveübertragung von Pressekonferenzen muss thematisiert werden. Hier geben die Programmverantwortlichen ihre Verantwortung für das Gesendete an den Veranstalter einer Pressekonferenz ab. Sie können nicht mehr entscheiden, was publiziert wird, obwohl sie die Verantwortung dafür tragen.

Der partielle Rollentausch zwischen Sender und Empfänger hat, wie gesagt, auch dazu geführt, dass Nachrichten immer mehr nach persönlichen Interessen und eigener Betroffenheit konsumiert werden. Die Suche nach Bestätigung der privaten Meinung ist für viele wichtiger als ein Gesamtüberblick über das Zeitgeschehen. Deshalb fühlen sich viele Nutzer der sozialen Medien in Echokammern und Filterblasen auch so wohl. Sie merken allerdings meist nicht, dass sie manipuliert und dass ihnen nicht konforme Informationen vorenthalten werden. Das Ausblenden von Informationen, die nicht ins eigene Weltbild passen, wird in der Kommunikationswissenschaft seit Langem als Vermeidung „kognitiver Dissonanz" bezeichnet. Dabei konsumiert man ausschließlich diejenigen Medien, Berichte und Kommentare, die die eigenen Meinungen und das eigene Weltbild bestätigen. Gegenargumente lassen sich so – wie im täglichen Leben auch – leicht verdrängen. Gerne wird in diesem Zusammenhang das Beispiel des Rauchers herangezogen. Die meisten Raucher wissen, dass Rauchen gesundheitsschädlich ist. Sie haben aber sofort die Beispiele der Kettenraucher Winston Churchill und Helmut Schmidt parat, die bekanntlich sehr alt geworden sind. Die einseitige Auswahl erfolgt hier also nicht auf der Basis von manipulativer Fremdeinwirkung, sondern durch die eigenen Vorurteile. So kann sich jeder seine eigene Wahrheit suchen.

Bei genauem Hinsehen – dies wurde bereits gesagt – zeigt sich, dass die Fülle der nicht-professionellen Informationen im Internet jenseits der Darstellung persönlicher Beobachtungen und Befindlichkeiten sich im Wesentlichen mit denselben Themen beschäftigt wie die klassischen Medien. Dabei ist die Grenze zwischen Fakten und Meinungen, Wahrheit und Fantasie oft nicht sehr deutlich, rasch entstehen Empörung und Skandalgeschichten. Der Weg zu Verschwörungstheorien ist dann nicht mehr weit. In dieser Addition von Informationen ohne Gegenpositionen, Hintergründe und Zusammenhänge wird das eigene Weltbild bestätigt und „störende" Informationen tauchen gar nicht erst auf. Die beiden US-amerikanischen Medienforscher Bill Kovach und Tom Rosenstiel bringen dies auf die Formel: „Gatekeepers [...] have been replaced by cheerleaders", auswählende Journalisten wurden also ersetzt durch Animateure, und weiter: „[p]erhaps, in a sense, we have already moved from the age of information to the age of affirmation.“ [9] Es scheint, als hätten Kovach und Rosenstiel recht und – auch befeuert durch die Dynamik der Neuen Medien aber nicht nur – viele von uns befinden sich tatsächlich schon längst in einem „Zeitalter der Bestätigung.“

Die wichtigste Ressource, um die alle Informationsverbreiter – professionelle und Laien – kämpfen, ist Aufmerksamkeit. Es ist auch ein Kampf gegen den Überdruss gegenüber Nachrichten, vor allem gegenüber solchen, die einen nicht betreffen oder das eigene Weltbild nicht bestätigen, gegen die Überforderung, sich auf die unzähligen Informationen, die uns täglich erreichen, einzulassen. Dem steht entgegen, was eingangs erwähnt wurde und was man ständig beobachten kann: Viele sind fortwährend versucht, sich schnell noch eine „Push-Nachricht“ durchzulesen, die Nachrichten-Apps werden überflogen, in den sozialen Medien wird nach Neuigkeiten gesucht, um ja nichts zu verpassen. In der Kommunikationswissenschaft wird dieses Phänomen als „FoMO“ (Fear of Missing Out), also die Angst, etwas zu verpassen, bezeichnet.[10]

Prominente Autoren wie der schweizer Unternehmer und Autor Rolf Dobelli empfehlen demgegenüber sogar eine Nachrichtenverweigerung als Antwort auf die Flut an Informationen. In

9 Kovach, Bill; Rosenstiel, Tom. *Blur – How to know what's true in the Age of Information Overload.* New York: Bloomsbury, 2010, 6.

10 Unter anderem kürzlich der Wirtschaftswissenschaftler Mc Ginnis, Patrick J. *Fear of Missing Out. Practical Decision-Making in a World of Overwhelming Choice.* New York: Sourcebooks, 2020. Zuerst ausführlicher untersucht von Przybylski, A. K., Murayama, K., DeHaan, C. R. & Gladwell, V. „Motivational, emotional, and behavioral correlates of fear of missing out." *Computers in Human Behavior* 29, 4 (2013): 1841–1848.

seinem Buch *Die Kunst des digitalen Lebens*[11] vertritt er die Ansicht, um gut informiert zu sein, benötige man nicht ständig aktuelle Nachrichten. Vielmehr genüge die Beschäftigung mit fundierten Hintergrundmedien. Derartige Extrempositionen lösen natürlich das Problem des „overnewsed but underinformed" nicht. Man stelle sich nur vor, man würde sich in schwierigen politischen Situationen oder gar in Krisenzeiten nicht regelmäßig über die aktuelle Lage informieren! Die Lösung kann nur in zuverlässigen, vernünftig dosierten und professionell ausgewählten und gewichteten Nachrichten bestehen. Wie sich die professionelle journalistische Nachrichtengebung im Sinne größerer Informiertheit verbessern ließe, wird später noch ausführlich Thema sein.

Zusammenfassend lässt sich sagen, dass drei Aspekte wesentlich zur Uninformiertheit vieler Mediennutzerinnen und Mediennutzer beitragen, obwohl ihnen immer mehr Informationen zur Verfügung stehen: Zum einen ist es die Häufung von Informationen, die nur ganz spezielle Interessen bedienen und den Adressaten das Gefühl vermitteln, bestens informiert zu sein, tatsächlich aber eine umfassende Information über das allgemeine Geschehen verhindern. Dies hängt auch damit zusammen, dass viele, insbesondere junge, Menschen lediglich Nachrichten zu Themen suchen, für die sie sich interessieren, aber keine, die darüber hinausgehen und eine allgemeine Informiertheit erzeugen würden.

Das zweite Problem in diesem Zusammenhang ist das, was die nordamerikanische Medienforschung „Brevity Explosion" nennt. Das heißt, Nachrichten werden immer kürzer, und zwar nicht nur in den USA, sondern auch in Europa. Der Trend zu dieser Art von „Fast-Food-Nachrichten" ist nicht mehr zu übersehen: Im Grunde

11 Dobelli, Rolf. *Die Kunst des digitalen Lebens. Wie Sie auf News verzichten und die Informationsflut meistern.* München: Piper, 2019.

werden nur noch Themen benannt, aber kaum Inhalte vermittelt. Weniger Themen und mehr Hintergrund wäre der bessere Weg, denn die Zahl der tatsächlich relevanten Themen ist wesentlich geringer als es in vielen aktuellen Medien mit ihren Liveblogs und Nachrichtentickern erscheint. Zu oft werden Nachrichten nach dem Prinzip ausgewählt: „Es ist zwar bereits alles gesagt, aber noch nicht von allen." Zugleich lässt sich aber auch beobachten, dass viele Zeitungen in letzter Zeit als Alternative zu den Informationshäppchen im Internet den Weg gehen, Hintergründen stärker zu beleuchten und auf bloßes, kurzes Wortgeklingel zu verzichten.

Das dritte Problem wird immer gravierender. Es heißt „Tempo um jeden Preis". Es gibt bedauerlicherweise Redaktionen von Zeitungen und Rundfunkanstalten, die mit Blick auf soziale Medien und andere Internetquellen in eine Art Aktualitätswettlauf eingetreten sind. Dieser geht zwangsläufig zu Lasten der Qualität. Der uralte Grundsatz des US-amerikanischen Verlegers Joseph Pulitzer „Have it first, but first have it right" scheint bei vielen nicht mehr zu zählen. Man hat dann rasch allerdings auch das Dementi exklusiv. In dieses Problemfeld gehört auch der sogenannte Echtzeitjournalismus. Aus einer Veranstaltung heraus werden dabei etwa von Onlineredakteurinnen und -redakteuren, sowohl über die regulären Internetpräsenzen der entsprechenden Medien als auch deren Kanäle in den sozialen Medien, Informationen verbreitet, noch bevor das Ereignis zu Ende ist. Ähnliches gilt für die Liveberichterstattung von scheinbar wichtigen Ereignissen in Radio und Fernsehen durch Reporter vor Ort. Es stellt sich die Frage, wem diese Art von Pseudoaktualität nutzt, die stets auf Kosten der Qualität geht. Natürlich will man als aktueller Journalist möglichst der Erste sein mit einer wichtigen Information. Aber Tempo ist kein Wert an sich.

Dieses unbedingte Bemühen um Schnelligkeit und darum, möglichst alle Themen abzudecken, unabhängig von deren Relevanz, spiegelt sich auch in einer Entwicklung wider, die in der Informationsvermittlung in den letzten Jahren eine große Rolle gespielt hat und weiterhin spielen wird: Rundfunkanstalten bieten in Radio und Fernsehen parallel zu ihrem Hauptprogramm reine Nachrichtenkanäle an. Diese Art von Infokanälen entstand zunächst in den USA und Kanada und kam später über England und Frankreich auch nach Deutschland. Ein Programm nach der Methode 7/24/365 ist für dessen Macherinnen und Macher eine echte Herausforderung. Ich selbst habe vor vielen Jahren einen solchen Kanal beim *Hessischen Rundfunk* aufgebaut und lange geleitet und weiß daher sehr genau, dass die Chance totaler Informiertheit auch große Gefahren birgt. Rasch entstehen Hektik, Scheinaktualität und Oberflächlichkeit. Ein solches Programm ist ein Moloch, der kontinuierlich mit Nachrichten gefüttert werden will und muss. Plötzlich wird aus dem vermeintlichen Nachrichtenüberfluss eine Nachrichtenknappheit, ein Mangel an wirklich Wichtigem, an Nachrichten von Relevanz für die Adressaten. Die Versuchung ist dann groß, auf Masse zu setzen und mehr oder weniger alles zu nehmen, was halbwegs zu verantworten ist. Eine andere Versuchung ist es, Informationen aus schwer überprüfbaren Quellen zu verwenden. Oder aus Quellen, bei denen man weiß, dass sie bestimmte Interessen verfolgen. Dazu gehören die zahlreichen Pressemitteilungen und sogar vorformulierten Beiträge der Presse- und Öffentlichkeitsarbeiter aus Unternehmen, Verbänden, Parteien und sonstigen Interessengruppen. Von diesem Material gibt es sehr viel, es ist oft journalistisch gut aufbereitet und gestaltet, beschäftigt sich mit interessanten Themen und ist vor allem kostenfrei. Allerdings ist es logischer- und erlaubterweise eben interessengesteuert.

Es gibt hier nur eine solide und tragfähige Lösung: Man muss sich von hektischer Aktualität befreien und seriöse Nachrichtenqualität anbieten. Dies bedeutet trotz des hohen Materialbedarfs konsequentes Weglassen von Unwichtigem. Stattdessen müssen Hintergrund und Einordnung geliefert werden. Sendezeit steht ja ausreichend zur Verfügung. Eine sinnvolle Wiederholungsrate der Beiträge und zwischendurch – auch als Strukturelement – klassische Nachrichten geben dem Publikum Hör- und Sehsicherheit und führen zu mehr Informiertheit als hektische Pseudoaktualität.

Medienkritik trotz Medienvertrauen – Wie geht das?

Das Vertrauen in die Informationsmedien und deren Nutzung stehen im Bewusstsein der Bevölkerung in einem merkwürdigen Widerspruch. Glaubt man rechten und linken Ideologen oder dem öffentlichen Gerede zum Thema Lügenpresse, dann stünde es sehr schlecht – insbesondere um die klassischen Medien. Dass die im ersten Kapitel aufgezeigten Nutzungsdaten das Gegenteil beweisen, hält viele nicht davon ab, Radio, Fernsehen und Qualitätszeitungen für überflüssig zu erklären. Selbst Politiker auf Bundesebene scheuen sich nicht, die klassischen Medien für verzichtbar zu erklären und empfehlen stattdessen, Informationen nur noch über Social-Media-Kanäle zu verbreiten. Der CDU-Politiker Friedrich Merz erklärte beim „AKV-Rittertalk" des Aachener Karnevalsvereins am 21.1.2020:

> „Im Augenblick gibt's ja eine richtige Machtverschiebung zwischen denen, die Nachrichten verbreiten und denen, die Nachrichten erzeugen. […] Und zwar zugunsten derer, die die Nachrichten erzeugen. […] Und das ist das Schöne: Sie können heute über Ihre eigenen Social-Media-Kanäle, über Youtube, Sie können ein Publikum erreichen, das teilweise die öffentlich-rechtlichen, auch die privaten institutionalisierten Medien nicht mehr erreichen."

Mit dieser Empfehlung an „Nachrichtenerzeuger" wie Politiker brachte Merz zugleich überdeutlich auf den Punkt, was das Problem an Social Media ist: Informationen werden hier nicht gewichtet, eingeordnet und erklärt. Auch und gerade in Krisenzeiten kommt den klassischen Medien deswegen besonders große Bedeutung zu. Dies zeigte sich auch in einer Untersuchung, die die *Frankfurter Allgemeine Zeitung* während der Coronakrise des Jahres 2020 in Auftrag gab. So wurde deutlich, dass die Mediennutzung während der Krise über alle Altersgruppen und Medien hinweg deutlich anstieg, bemerkenswerterweise mit großem Abstand bei den öffentlich-rechtlichen Sendern: Während sich die tägliche Fernsehdauer bei ARD und ZDF um 66,4 % erhöhte, waren es bei der der privaten RTL-Gruppe nur 10,1 % mehr und die Sendergruppe ProSieben/SAT. 1 erreichte nur 8,8 % mehr Zuschauerinnen und Zuschauer. Besonders bemerkenswert ist, dass in der Altersgruppe der 14- bis 49-Jährigen die Nettoreichweite des öffentlich-rechtlichen Fernsehens um fast 40 % stieg, also in der Generation, von der gern behauptet wird, sie nutze die klassischen Medien eigentlich gar nicht mehr. Die digitalen Reichweiten der Qualitätszeitungen stiegen der Untersuchung zufolge ebenfalls sprunghaft, um bis zu 65 %, an.[12]

Nun gelten in Krisenzeiten – dies ist naheliegend – andere Maßstäbe als zu normalen Zeiten. Aber auch dann klaffen die öffentliche, oft plakative Diskussion und die Realität in Bezug auf das Medienvertrauen weit auseinander. Seit 2018 beobachten Forscherinnen und Forscher der Universität Mainz in einer umfangreichen Langzeitstudie das Medienvertrauen in Deutschland. Die neuesten Ergebnisse zeigen, dass etwa 44 % der Befragten der Aussage zustimmen, dass man den Medien bei „wichtigen Dingen" vertrauen könne. Das Vertrauen in den öffentlich-rechtlichen Rundfunk und die Tageszeitungen ist danach weiterhin hoch.

12 Ashelm, Michael. „Mediennutzung steigt sprunghaft – Auch bei Kindern." *Frankfurter Allgemeine Zeitung*, 28.03.2020, S. 24.

Die Werte für das Vertrauen ins Internet sinken demgegenüber. Gleichwohl verfestigt sich bei einer starken Minderheit von immerhin 22 % das Misstrauen gegenüber den etablierten Medien. Einige wenige Zahlen sollen dieses Bild konkretisieren. Als „sehr" bzw. „eher vertrauenswürdig" werden folgende Medien empfunden: öffentlich-rechtliches Fernsehen von 65 % der Befragten gegenüber Privatfernsehen mit nur 17 % der Befragten, Tageszeitungen von 66 % der Befragten (hier dominiert das Vertrauen in Regionalzeitungen) gegenüber nur 7 % der Befragten bei Boulevardzeitungen.

Bemerkenswert ist, dass sogenannte alternative Informationsangebote sehr schlecht abschneiden. Nachrichten auf sozialen Netzwerken werden von nur 2 % der Befragten als „sehr" oder „eher vertrauenswürdig" bezeichnet, Nachrichten auf alternativen Nachrichtenseiten von 12 % – beide Werte haben eine sinkende Tendenz.[13]

Die Frage drängt sich auf, wie es kommt, dass die öffentliche Diskussion zum großen Teil ein anderes Bild vermittelt. Befeuert werden Positionen, die den klassischen Medien ihre Existenzberechtigung absprechen, bedauerlicherweise auch durch Autoren, die es eigentlich besser wissen könnten. Wenn es zum Beispiel heißt:

> „Dass es den Deutschen zurzeit zu schwer fällt, offen mit den neuen Wahrheiten und Wirklichkeiten umzugehen, hat nicht nur mit der Politik zu tun, sondern zu gleichen Teilen mit einer Glaubwürdigkeitskrise der Qualitätsmedien. […] Viele, zu viele Medien entschieden sich dafür, sich an die Spitze der Politikverdrossenheit zu stellen und die Politik stets zu ihrem schlechtesten denkbaren Ende hin zu interpretieren."[14]

---

13 Jackob, Nikolaus et al. „Medienvertrauen im Zeitalter der Polarisierung." *Media Perspektiven* 5 (2019): 210–220.

14 Ulrich, Bernd. *Sagt uns die Wahrheit! Was die Politiker verschweigen und warum.* Köln: Kiepenheuer & Witsch, 2015, 41.

Für den Widerspruch zwischen der öffentlichen Diskussion und ihrer Darstellung und der demoskopisch belegten Gesamteinstellung des Publikums gibt es derzeit leider keine plausible Erklärung. Offenkundig suchen die Menschen, nicht nur in Krisenzeiten, aber dann natürlich umso mehr, nach Medien, denen sie vertrauen können. Trotzdem gibt es wie gesagt eine Minderheit von 22 %, die kein Vertrauen in die Medien haben. Sie fühlen sich gewiss durch die auch während der Coronakrise im Jahr 2020 eskalierten Diskussion über Verschwörungstheorien bestätigt. In diesen Milieus wird mit großer Wahrscheinlichkeit die Nutzung alternativer Medien weiter steigen, von Medien, die sich bewusst gegen klassische Medien positionieren und behaupten, darüber zu berichten, „was wirklich ist". Auf diese Weise bestätigen sie das Misstrauen in die klassischen Medien – und damit sehr häufig einhergehend – in die Politik der etablierten Parteien. Leider tragen allerdings Skandale innerhalb der klassischen Medien wie die „Relotius-Affäre" des *SPIEGELs* zum Misstrauen bei. Die Lügenpresse-Diskussion bekommt durch solche Ereignisse zusätzlichen Auftrieb.

So erfreulich die Forschungsergebnisse zum Medienvertrauen auch sein mögen, darf man dennoch nicht übersehen, dass viele Menschen Probleme mit den Medien haben, insbesondere damit, dass sie sich von diesen nicht hinreichend repräsentiert fühlen. Medienforscher der Universitäten Düsseldorf und Zürich haben sich intensiv mit diesem Problem befasst und kommen zu dem Schluss, dass es zwar keine bevölkerungsweite Repräsentationslücke gibt, dass allerdings einige Milieus starke Tendenzen zur Abkoppelung und Abschottung zeigen. Sie sehen eine deutliche Gefahr isolierter Teilöffentlichkeiten. Der Aussage, dass sie sich von den Medien repräsentiert fühlen, stimmen immerhin 44 % der

Befragten „nicht“ oder „eher nicht“ zu, wobei es einen deutlichen Unterschied zwischen politiknahen und politikfernen Milieus gibt.[15] Daran knüpft eine für die Berichterstattung der Medien und damit für die Informiertheit der Bevölkerung sehr grundsätzliche Frage an, nämlich, ob durch die medialen Informationen wirklich „die Bevölkerung“ bedient wird, oder ob Journalisten bei ihrer Arbeit doch zu sehr an Eliten denken, an Gebildete und an Vorinformierte und ob sie sich möglicherweise zu sehr am eigenen gesellschaftlichen Umfeld orientieren.

Informieren die Medien zu sehr über die Köpfe zumindest eines Teils der Bevölkerung hinweg, bei der Themenauswahl, in der sprachlichen Darstellung? Setzen sie zu viel als bekannt voraus? Liefern sie zu wenig Hintergrund und Einordnung? Vertrauen ist – das zeigen die erwähnten Studien – ein Gut, über das die Medien in hohem Maße verfügen. Aber dieses Gut muss ständig gerechtfertigt werden durch genügend umfangreiche Informationen und das Bemühen um absolute Korrektheit und Zuverlässigkeit.

Es lässt aufhorchen und alle Alarmglocken läuten, wenn der Präsident des mächtigen *Bundesverbands Digitalpublisher und Zeitungsverleger* und zugleich Vorstandsvorsitzender der *Axel Springer SE*, Mathias Döpfner, der *Deutschen Presse-Agentur* sagt:

> „Wir sehen einen wachsenden Graben zwischen den politischen Eliten und den Medien auf der einen Seite und der sogenannten Bevölkerung auf der anderen. Manche Journalisten verstehen sich inzwischen als Politikberater und betreiben einen Journalismus, der sich an ein paar Eingeweihte richtet, denen sie Codewörter

15 Jandura, Olaf; Kösters, Raphael; Wilms, Lena. „Mediales Repräsentationsgefühl in der Bevölkerung. Analyse nach politisch-kommunikativen Milieus.“ *Media Perspektiven* 3 (2018): 118–127.

zurufen. Der eigentliche Empfänger ist nicht mehr der normale, intelligente, aufgeschlossene, aber nur bedingt informierte Leser, sondern die Kollegen, Politiker, Künstler oder Wirtschaftsführer."[16]

Leider muss man dieser sicherlich überspitzten Formulierung tendenziell zustimmen. Die Medienszene erscheint hier in zwei Bereiche aufgeteilt. Auf der einen Seite stehen die sogenannten Qualitätsmedien in Print, Rundfunk und Online. Sie bedienen zweifellos vornehmlich Eliten. Manche von ihnen verstehen sich als Leitmedien und definieren ihre Qualität nicht selten darüber, wie oft sie von anderen Medien zitiert werden. Auf der anderen Seite stehen die Boulevardmedien, die durch ihre Themenauswahl und Darstellung nur bedingt informieren, umso mehr aber Emotionen ansprechen und Stimmungen erzeugen bzw. befördern.

Die Gräben zwischen gesellschaftlichen Eliten und Medien auf der einen und großen Teilen der Bevölkerung auf der anderen Seite werden also tiefer. Dieser Umstand verstärkt die Gefahr – und dies sollten sowohl Eliten insgesamt als auch Journalisten im Besonderen bedenken –, dass Teile der Bevölkerung von den klassischen Medien nicht mehr erreicht werden und sich eher obskuren, bestenfalls laienhaften und schlimmstenfalls explizit manipulativen, Kanälen zuwenden. Dass das subjektive Gefühl dieser Gruppe allerdings genau gegenteilig ist und sich wohl mit „Hier werde ich umfassend und vor allem richtig informiert" zusammenfassen ließe, wurde schon gesagt. Besonders problematisch daran ist, dass dieses Gefühl zu einem geschlossenen Weltbild beiträgt, das Misstrauen in die klassischen Medien stärkt und

16 Zitiert nach Haller, Michael. „Transparenz schafft Vertrauen. Folgerungen aus der Fehlentwicklung des Journalismus." In: Lilienthal, Volker; Neverla, Irene (Hrsg.). *Lügenpresse. Anatomie eines politischen Kampfbegriffs*. Köln: Kiepenheuer & Witsch, 2017, 228–247, hier 233.

so über dieses Weltbild hinausgehende Informationen blockiert. Dazu beizutragen, dass dieser Teil der Bevölkerung nicht größer wird, wäre eine wichtige Aufgabe der klassischen Medien.

Zur weiteren Spaltung der Gesellschaft in die sogenannten „information rich" und „information poor" trägt auch die Schlagzeilenkultur bei, die sich – verstärkt durch Onlineangebote – immer weiter ausbreitet. Dabei zeigt sich ein Paradoxon, denn während den bereits gut Informierten die bloße Schlagzeile genügt, um auf den neuesten Stand der Information zu kommen, da sie die Hintergründe und Zusammenhänge bereits kennen, benötigen die weniger gut Informierten mehr Informationen als die bloße Schlagzeile, da ihnen der Hintergrund fehlt. Aber gerade diese Gruppe bedient sich häufig ausschließlich der Stichwortangebote. Diese Entwicklung sah der Medienwissenschaftler Winfried Schulz bereits 1987 voraus. Die quantitative Ausweitung des Informationsangebotes, so Schulz, komme eher denen zugute, die bereits gut informiert sind als den schlecht Informierten, die es eigentlich nötig hätten. Die Folge sei, dass die Unterschiede zwischen den gut und den schlecht informierten Bevölkerungsteilen weiter anwachse.[17] Hinzu kommt, dass viele Menschen sich auf Informationen beschränken, die sie ganz speziell interessieren, punktuell Spezialthemen aufrufen und sich umfassend informiert fühlen, obwohl sie doch keinen Gesamtüberblick über das Geschehen in der Region, im Land oder in der Welt bekommen. Der Philosoph und Medienkritiker Alain de Botton führt diese Entwicklung auch auf die Art und Weise zurück, wie Berichterstattung stattfindet:

17 Schulz, Winfried. „Politikvermittlung durch Massenmedien." In: Sarcinelli, Ulrich (Hrsg.). *Politikvermittlung. Beiträge zur politischen Kommunikationskultur*. Opladen, Wiesbaden: Westdeutscher Verlag, 1987, 129–144, 135.

„Zwar ist das große Ziel der Aufklärung erreicht, der Durchschnittsbürger hat heutzutage unmittelbaren Zugang zu Informationen über die Ereignisse in jedem Land der Welt. Aber etwas noch Erstaunlicheres fällt auf: Keiner interessiert sich besonders dafür. Doch was ist, wenn diese erstaunliche Gleichgültigkeit sich nicht allein als ein Fehler des Publikums herausstellte? Wenn der wahre Grund dafür, dass Zuschauer und Leser sich nicht besonders darum kümmern, was in fremden Ländern passiert, nicht darin liegt, dass wir besonders oberflächlich oder böse sind, oder dass die beschriebenen Ereignisse langweilig wären, sondern vielmehr einfach darin, dass die Nachrichten uns nicht hinreichend ansprechend aufbereitet werden? Was, wenn wir deshalb das Interesse an der Welt verloren haben, weil die Medien von gewissen falschen Annahmen ausgehen, wie die Welt dargestellt werden sollte?“[18]

Der Hinweis von Alain de Botton macht deutlich, dass das Vertrauen in Medien auch davon abhängt, ob es diesen gelingt, sich verständlich zu machen – auch durch klare, sprachlich korrekte und zielgruppenorientierte Darstellungsformen. Ansprechende Darstellung ist gewiss eine gute Möglichkeit, weniger vorinformierte Menschen zu erreichen. Dazu gehört es auch, sich von der ritualisierten Public-Relations-Sprache von Politik und Wirtschaft in Form wörtlicher Zitate zu verabschieden und selbst präzise und gut zu formulieren. Korrekte Berichterstattung, die immer nur die gleichen Phrasen wiederholt und so niemanden mehr erreicht, ist sinnlos, denn sie erfüllt ihren Zweck nicht. Auch dies ist eine Ursache für weniger Informiertheit trotz eines immer größeren Informationsflusses.

---

18 De Botton, Alain. *Die Nachrichten. Eine Gebrauchsanweisung.* Frankfurt: S. Fischer, 2015, 80.

„Es ist an der Zeit, sich der Dreiecksbeziehung zwischen Politikern, den Wählern und den Medien wieder bewusster zu werden – auch weil die politische Kommunikation vor allem in der Ära Merkel so phrasenhaft geworden ist, dass es unserer Demokratie längst zu schaden beginnt. Es ist auch Merkels schablonenhafte, technokratische Sprache, die das rechtspopulistische Versprechen der AfD, endlich wieder jenen ‚Klartext' zu reden, den die etablierten Parteien verlernt hätten, auf so fruchtbaren Boden fallen lässt."[19]

Mit dieser Selbstkritik hat der Journalist Oliver Georgi einen wunden Punkt getroffen. Glatte, unangreifbare, phrasenhafte Sprache gedankenlos wörtlich wiederzugeben ist sicher auch eine Ursache für Informationsüberdruss und geringe Informiertheit. Journalisten sollten die Sprache der Pressemitteilungen und Politikerstatements hinterfragen und damit entlarven, anstatt nur wörtlich zu zitieren. Das Hinterfragen, Entlarven und Übersetzen fällt Journalisten aus verschiedenen Gründen sehr schwer, oft deshalb, weil sie unter einem massiven Zeitdruck stehen, der ihnen kaum die Möglichkeit lässt, über von Politikern Gesagtes intensiv nachzudenken.

In den deutschen Medien spielen direkt zitierte Äußerungen ohnehin eine extrem große Rolle. Sie dominieren oft gegenüber der Darstellung von Ereignissen und der Erläuterung von Fakten. Im Journalismus der angelsächsischen Länder Großbritannien, USA und Kanada werden Aussagen von ‚Prominenten' wesentlich kritischer ausgewählt und Nachrichtensendungen in Radio und Fernsehen enthalten weniger Zitate, weshalb sie meist auch kürzer sind. In Deutschland wird demgegenüber jedoch oft nach

19 Georgi, Oliver. *Und täglich grüßt das Phrasenschwein. Warum Politiker keinen Klartext reden – und wieso das auch an uns liegt*. Berlin: Bibliographisches Institut, 2019, 12.

dem bereits erwähnten Prinzip verfahren: „Es ist zwar schon alles gesagt, nur noch nicht von allen". Direkte Aussagen etwa von Politikern werden im Verlauf der Meldung durch indirekte Zitate aus vorherigen Interviews erklärt. Es ist ein offenes Geheimnis, dass Politikerinnen und Politiker Rundfunkanstalten Interviews vor allem deshalb geben, weil Zitate daraus über die Nachrichtenagenturen verbreitet und von zahlreichen Medien im ganzen Land publiziert werden. Dabei wird das Medium, welches das Interview geführt hat, in jeder neuen Meldung als Quelle genannt und bekommt öffentliche Aufmerksamkeit, die wichtigste Währung im Medienbetrieb. Aus diesem Grund gibt es geradezu einen Wettbewerb um Exklusivinterviews und manchmal drängt sich der Eindruck auf, der bekannte Name dominiere über den Inhalt. So bekommt symbolische Politik eine Öffentlichkeit. Für die Adressaten ist der Informationswert jedoch sehr überschaubar. Hier zeigt sich, dass in der Berichterstattung nicht selten (vermeintliche) Prominenz über Inhalt siegt. Selbstverständlich sind die sogenannten Elitepersonen, also Personen, denen großer gesellschaftlicher Einfluss zugesprochen wird, und deren Äußerungen grundsätzlich nachrichtenrelevant. Aber auch hier gilt es, ein vernünftiges Maß zu finden. Selbst US-amerikanische Mediennutzer lehnen ein Übermaß an sogenannten Celebrity News ab. In einer Studie beklagten sich 87 % der Befragten über ein Zuviel in diesem Bereich.[20]

Einer der gravierendsten Gründe dafür, dass immer mehr Informationen nicht zu besserer Informiertheit führen, ist – wie gesagt – die mangelhafte Hintergrundberichterstattung. Selbst in den kurzen Nachrichtensendungen von Radio und Fernsehen

20 Ball, James. *Post Truth. How Bullshit Conquered the World.* London: Biteback Publishing, 2017, 163.

wäre eine Verbesserung aber möglich. Ohne Sendezeitverlängerung könnte der Verzicht auf die eine oder andere nichtssagende Politikeräußerung Platz schaffen für die Erklärung eines neu auftauchenden Begriffs oder die Erläuterung eines Zusammenhangs. Wichtig wären darüber hinaus Rückblenden zur Geschichte des Themas. Dabei ist nicht Geschichte im üblichen Sinne gemeint, sondern ein Rückblick auf die eigene vorausgegangene Berichterstattung. Viel zu selten greifen Redaktionen ein Thema im Sinne einer „Wiedervorlage" erneut auf, dabei wäre es sehr sinnvoll, Vorgänge, über die aktuell berichtet wird, weiter zu beobachten und zu schauen, was etwa nach vier Wochen aus der vollmundigen Ankündigung eines Politikers geworden ist. Als Gegenargument werden gerne Zeitdruck und Personalknappheit angeführt. Aber gerade hier kann die Digitaltechnik sehr hilfreich sein.

Ein Beispiel für fehlende Kontinuität in der Beobachtung von wichtigen Vorgängen und der Berichterstattung darüber ist die Finanzkrise der Jahre 2008/2009. Angeblich kam diese für alle völlig überraschend – auch für die Wirtschaftsjournalisten, die bekanntlich enge Kontakte in alle Bereiche der Wirtschaft pflegen. Inzwischen ist bekannt, dass es zahlreiche Hinweise, und zwar bereits über längere Zeit, gab, wie die Entwicklung verlaufen würde. Später fragten sich Journalisten, warum kaum jemand erkannte, welche weltweiten Folgen die amerikanische Hypothekenkrise, der Auslöser des Crashs, haben könnte. Man wusste, dass in den USA viele Leute Häuser kauften, die sie nicht bezahlen konnten und dass Banken dafür sehr großzügige Kredite gaben, die die Kunden bei der kleinsten Rezession nicht würden zurückzahlen können. Bemerkenswerterweise wurde punktuell immer wieder darüber berichtet, aber weder Wirtschaftsexpertinnen noch Journalisten fügten aus den vielen Details ein Gesamtbild zusammen.

Ein weiteres mediengemachtes Hindernis für die umfassende Informiertheit vieler Menschen ist die Auswahl der Themen und Ereignisse, über die Journalistinnen und Journalisten berichten. Die Kommunikationswissenschaft unterscheidet – und hier befindet sie sich nahe an der journalistischen Praxis – zwischen drei Informationsarten: 1) Ereignisinformationen, also Nachrichten über Geschehenes und Gesagtes; 2) Wissensinformationen in Form von Hintergründen zum besseren Verständnis von Nachrichten und schließlich 3) Serviceinformationen. Gedruckte wie elektronische Medien liefern diese Art von Nachrichten mit Gebrauchswert im Sinne der angelsächsischen Definition „News you can use" mit steigender Tendenz, ihr Umfang wächst von Jahr zu Jahr. Wetter, Verkehr, Gesundheit, Verbraucherfragen, Reisen, Rechtsfragen usw. usf. sind die Themenfelder. Diese Themen haben für das Publikum zwar kurzfristigen Nutzen, tragen aber kaum zu einem Überblick und Verständnis gesellschaftlich relevanter Ereignisse und Entwicklungen bei. Da sie dennoch Zeit und Aufmerksamkeit binden, die für anderes dann fehlt, behindern sie Informiertheit sogar eher.

Der Bereich Wissensinformationen sollte in unserer komplexen Welt eigentlich eine immer größere Rolle spielen. Bedauerlicherweise ist dies nicht der Fall. Stattdessen haben Orientierungshilfen zum Verstehen von Nachrichten oft eher die Form sogenannter Einschätzungen und von Kommentaren, aber weniger von Hintergrundinformationen. Der amerikanische Medienwissenschaftler Neil Postman wies bereits 1998 auf dieses Problem hin und kam zu dem Schluss, dass wir einen Überfluss an Informationen haben, aber einen Mangel an Kenntnissen. Grund dafür seien die bereits erwähnten, oft inhaltslosen und nicht relevanten Zitate von Äußerungen ohne tatsächliche Einordung oder Erklärung. Nur, wenn man Informationen erhalte, die einen die Welt verstehen lassen, erfahre man Kenntnis, so Postman. Wenn verschiedene Kenntnisse dann miteinander verknüpft werden, entstehe Klugheit, oder wie Postman es nannte, „wisdom". Postman kritisierte, dass der Gewinn von Klugheit in den Medien offenbar durch Meinungen und Einschätzungen erzeugt werden solle:

> „Meinungsbeiträge sagen uns, was wir denken sollen. Es geht aber darum zu erfahren, wie wir denken sollen. Es geht nicht darum, dass die Medien die richtigen Antworten geben, sondern dass sie die richtigen Fragen stellen."[21]

Die Tatsache, dass sich inzwischen eine stattliche Zahl von Nachrichtenkanälen in Radio und Fernsehen etabliert hat, löst das Problem nur teilweise. Denn wenn diese sich weitgehend der aktuellen Kurznachricht bedienen, tragen sie eher dazu bei, dass die Informiertheit des Publikums geringer wird. Böten sie jedoch neben aktuellen Nachrichten auch die entsprechenden Hintergrundinformationen im Sinne einer Nachrichtendimensionierung, dann könnten sie den Kenntnisstand der Adressaten tatsächlich erweitern – vielleicht sogar „Wisdom" im Sinne von Neil Postman erzeugen. Zum Glück gibt es auch in Deutschland Nachrichtenkanäle, die sich so verstehen.

---

21 Postman, Neil. *Information – Knowledge – Wisdom.* Vortrag beim „6th International Broadcast-News-Workshop", Toronto 27.05.1998.

Qualität der Nachrichtenquellen – Basis für eine informierte Gesellschaft

Aufmerksamkeit ist eine wichtige Ressource in unserer Zeit, eine Ressource, um die viele wetteifern. Eine Folge ist die ständig wachsende Nachrichtenflut, nahezu jeder will jeden erreichen. Bereits vor der Zeit des Internets wurde diese Nachrichtenflut beklagt. Sie wurde aber kanalisiert durch professionelle Journalisten. Sie hatten die Flut zu bewältigen. Heute kann quasi jeder Mensch Journalist sein. Dabei muss immer bedacht werden, dass im Internet – auf welchen Kanälen auch immer – verbreitete Informationen in aller Regel auf Nachrichten basieren, die die klassischen Medien auf die Agenda gesetzt haben[22] – sieht man einmal von persönlichen Beobachtungen ab. Selbst im Netz verbreitete Verschwörungstheorien greifen auf Themen „der Medien" zurück, und sei es, dass sie sich davon abgrenzen. Man muss also den Blick auf den Ursprung der Informationen richten, auf die Quellen der klassischen Medien. Von ihnen hängt es ab, ob unsere Gesellschaft die Chance hat, eine informierte Gesellschaft zu sein.

Zu unterscheiden sind Nachrichtenquellen innerhalb und außerhalb des Mediensystems. Zur ersten Gruppe gehören die Nachrichtenagenturen, eigene Berichterstatter, die Recherche vom Redaktionsschreibtisch aus und Archive aller Art. Quellen außerhalb des Mediensystems sind zum einen die offiziellen

22 Kovach, Bill; Rosenstiel, Tom. *Blur – How to know what's true in the Age of Information Overload.* New York: Bloomsbury, 2010, 152.

Quellen wie Polizei, Feuerwehr und Behörden. Dann die Public-Relations-Industrie und schließlich auch unseriöse Quellen. Dazu gehören beispielsweise gekaufte Quellen – also etwa Personen, die gegen Bezahlung Informationen aus ihrem Bereich an Journalisten weitergeben – sowie inszenierte und konstruierte Quellen – das heißt die gar nicht so seltenen Fälle, in denen Journalisten Akteure des gesellschaftlichen Lebens überhaupt erst zu Handlungen oder Äußerungen bewegen, um eine Exklusiv-Story zu haben.

Bei den Quellen innerhalb des Mediensystems müssen die Nachrichtenagenturen am Anfang stehen. Ihre Bedeutung für die Nachrichtengebung aller Medien kann gar nicht überschätzt werden. Ohne die Dienste der großen Agenturen wäre nahezu allen Medien eine umfassende und zuverlässige Berichterstattung überhaupt nicht möglich. Die Nachrichtenagenturen sind Nachrichtengroßhändler. Sie sammeln und verarbeiten Informationsmaterial und verkaufen es in Form von Nachrichtenmeldungen als ständigen Dienst an die Nachrichteneinzelhändler, das heißt an die Redaktionen von Zeitungen, Radio und Fernsehen. Agenturen liefern entweder einen allgemeinen Nachrichtendienst, das heißt alle Themenfelder werden behandelt, oder sie bedienen spezielle Themenbereiche wie zum Beispiel Wirtschaft oder Sport.

Quellen der Agenturen sind eigene Korrespondenten, Reporter und Fotografen sowie Vertragsagenturen, wenn sich beispielsweise die Auslandsbüros internationaler Agenturen der Dienste von Agenturen im jeweiligen Land bedienen. Hinzu kommen staatliche und behördliche, sogenannte offizielle, Quellen und natürlich auch die Produkte der Public-Relations-Industrie. Die enorme Bedeutung der Nachrichtenagenturen wird besonders deutlich dadurch, dass die Nachrichtenwelt im Wesentlichen von einem Oligopol der drei „Großen“ dominiert wird: Die US-amerikanische

Associated Press (AP), die britische Agentur *Reuters* (RTR) und die französische *Agence France Presse* (AFP) beherrschen praktisch das internationale Nachrichtengeschäft. In Deutschland spielt die *Deutsche Presse-Agentur* (DPA) zudem eine herausragende Rolle, die auch in einigen Ländern außerhalb Deutschlands Bedeutung hat.

Die *Associated Press* mit Sitz in New York ist gemessen an der Zahl ihrer Kunden und der weltweiten Korrespondentenbüros die größte Nachrichtenagentur der Welt. Sie erreicht nach eigenen Angaben über die Medien, die sie beliefert, täglich etwa eine Milliarde Menschen. Die *Deutsche Presse-Agentur* beliefert nahezu alle Zeitungen sowie Radio- und Fernsehanbieter in Deutschland mit Informationen, die mit diesem Angebot wesentliche Teile ihrer Informationsgebung bestreiten. Die DPA hat die Gesellschaftsform einer Gesellschaft mit beschränkter Haftung (GmbH). Gesellschafter sind die deutschen Medienunternehmen, deren Gesellschaftsanteile auf jeweils 1,5 % begrenzt sind, sodass ein überproportionaler Einfluss einzelner Gesellschafter – ähnlich übrigens wie bei der *Associated Press* – nicht möglich ist.

Zu diesen Agenturen, die Nachrichten aus praktisch allen Bereichen liefern, kommen – wie gesagt – noch Spezialagenturen. Deren Angebote betreffen Themen etwa aus der Wirtschaft, dem Sport usw. In Deutschland gibt es außerdem zwei kirchliche Nachrichtenagenturen, den *Evangelischen Pressedienst* (EPD) und die *Katholische Nachrichten-Agentur* (KNA). Der EPD hat sich inzwischen als zweite deutsche Agentur neben der DPA etabliert und liefert Informationen weit über den Bereich der Kirche hinaus.

Dass die drei großen Weltagenturen nordamerikanische bzw. westeuropäische Unternehmen sind, hat Gründe und bleibt nicht ohne Folgen. Die Staatsagenturen in Russland und China werden von westlichen Journalistinnen und Journalisten nicht als seriöse

Informationsquellen wahrgenommen, da sie reine Public-Relations- und Propagandainstrumente der jeweiligen Regierungen sind. Andere so große und reichweitenstarke Nachrichtenagenturen, etwa aus den Ländern des Globalen Südens, gibt es nicht. Das hat zur Folge, dass die wichtigsten Nachrichtenlieferanten der Medien die Welt mit den Augen Westeuropas und Nordamerikas betrachten. Der Süden wird aus der Perspektive des Nordens und der Osten aus der Perspektive des Westens betrachtet. Zum Glück sind diese wenigstens die Perspektiven demokratischer Systeme. In diesem Zusammenhang muss man zwei weitere Aspekte in den Blick nehmen. Die Nachrichtengebung, auch in Demokratien, gibt den von der Medienforschung sogenannten „Elitenationen" oft eine überproportionale Bedeutung.

Zu den Quellen innerhalb des Mediensystems gehören selbstverständlich die Redakteurinnen und Redakteure von Zeitungen, Radio und Fernsehen, sowie deren Reporter, Korrespondenten und Autoren. Eigentlich sollten sie die wichtigste Quelle für die Medien sein. Sie sind es heute – von wenigen Ausnahmen, nämlich der ganz großen Publikationsorgane abgesehen – nur noch im lokalen oder regionalen Bereich. Große überregionale Tageszeitungen, Nachrichtenmagazine, Wochenzeitungen und gelegentlich Radio- und Fernsehmagazine liefern Nachrichten auf der Basis eigener Recherche. Ähnliches gilt für die Auslandsberichterstattung durch eigene Korrespondenten. Auch hier sind es eher die Printmedien, deren Korrespondenten eigenrecherchierte Beiträge zu den Nachrichten liefern. Radio- und Fernsehkorrespondenten bieten demgegenüber eher Hintergrundberichte und die sogenannten „Einschätzungen". Die Größe der Berichterstattungsgebiete und der permanente Zeitdruck lassen mehr bedauerlicherweise nicht zu. Wenn – um ein Beispiel zu nennen – ein

ARD-Hörfunkkorrespondent in Washington ein Gebiet von Alaska bis zum Rio Grande zu bearbeiten hat, noch dazu permanent von vielen Heimatredaktionen um Beiträge gebeten wird, ist die Lieferung von Nachrichten nicht möglich. Man verlässt sich darauf, dass die Agenturen das jeweilige Gebiet nachrichtlich abdecken und der Korrespondent dann – wie gesagt – Hintergründe und Einschätzungen liefert. Auch hier wird die Abhängigkeit von den Agenturen deutlich.

Doch nicht nur internationale Korrespondentinnen und Korrespondenten, auch Reporterinnen und Reporter im Lokalen und auf nationaler Ebene tragen wesentlich, wenn nicht noch mehr, zur journalistischen Eigenrecherche der Medien bei. Recherche erfordert journalistische Professionalität, Ideenreichtum und Erfahrung. Sie erfordert vor allem aber Personal und Zeit. Der dramatische Personalmangel in vielen Redaktionen führt jedoch zunehmend dazu, dass man, wo immer dies vertretbar scheint, auf Eigenrecherche verzichtet und stattdessen Fremdquellen verwendet. Die Bedeutung der Nachrichtenagenturen wächst, der Anteil der direkt übernommenen Produkte der PR-Industrie leider auch. Eine Ausnahme bilden die meisten Lokal- und Regionalredaktionen. Sie sind weitgehend auf Recherchen der eigenen Mitarbeiterinnen und Mitarbeiter angewiesen, da insbesondere die Agenturen auf diesem Gebiet kaum arbeiten. Eine Ausnahme bilden die sehr guten Regionalangebote der DPA und des EPD. Aber auf die Ebene der Lokalnachrichten gehen auch diese naturgemäß eher selten.

Gute Recherche ist schwer. Sie ist aufwändig, fordert viele Kontakte und Geduld. Sie erfordert auch die Bereitschaft, neben dem Verifizieren von Informationen auch zu Falsifizieren. Dabei geht so manche schöne Geschichte buchstäblich kaputt. Wer der Versuchung erliegt, auf das Falsifizieren zu verzichten, ist als

Journalist schnell gescheitert. Viele Medien in Deutschland haben sich inzwischen zu Rechercheverbünden zusammengeschlossen, zum Beispiel das *Redaktionsnetzwerk Deutschland* der Zeitungsgruppe MADSACK und der Rechercheverbund von NDR, WDR und *Süddeutscher Zeitung*. Durch die Bündelung von professionellen Kräften erreicht man oft gute Ergebnisse. Im Zusammenhang mit der journalistischen Recherche ist ein Begriff in Mode gekommen, den man sinnvollerweise etwas relativieren sollte. Es geht um den ‚investigativen Journalismus'. Man schmückt sich heute gerne mit diesem Etikett, klingt es doch für manche sehr bedeutend. Gemeint ist offensichtlich nichts weiter als besonders gründliche Recherche – eigentlich eine Selbstverständlichkeit für seriöse Medien. Etwas mehr professionelle Bescheidenheit wäre hier gut.

Im Bereich der Recherche gibt es auch Phänomene, die kritisch zu hinterfragen sind. Fragwürdig sind zum Beispiel Recherchen unter falscher Identität. Zwar hat Günther Wallraff viel Bewunderung dafür erfahren, dass er sich unter falscher Identität in eine Redaktion der Bildzeitung einschlich, um über die Zustände dort zu berichten, und dieser Fall ist nicht der einzige seiner Art. Es sind aber Zweifel anzumelden, ob strafbare Handlungen unter Hinweis auf ein öffentliches Interesse als Rechercheinstrumente zu rechtfertigen sind. Man denke diese Fälle einmal weiter. Der Grundsatz der Berichterstattungsfreiheit darf einfach nicht Straftaten wie Drohung, Verleumdung, Diebstahl von Dokumenten und dergleichen rechtfertigen.

Ungeachtet der Bedeutung der Eigenrecherche für die Berichterstattung muss man sich darüber im Klaren sein, dass der beobachtende Journalist stets nur einen kleinen Ausschnitt des Geschehens im Blick haben kann. Um sich ein Gesamtbild zu verschaffen, ist man auf Gespräche mit anderen Beobachtern angewiesen. Doch wer sind diese? Handelt es sich um Journalistenkollegen, um Betroffene, um unbeteiligte Augenzeugen oder gar um Personen, die an dem Geschehen beteiligt waren oder sind? Selbst Augenzeugen sind mit großer Skepsis zu betrachten. Die Erfahrung lehrt, dass Augenzeugen – je öfter sie befragt werden – immer mehr gesehen haben (wollen). Es gibt auch Fälle, in denen Augenzeugen gezielt eingesetzt werden, die eigentlich Mittäter sind. Ein spektakulärer Fall ereignete sich im Jahre 1977 in Köln. Als der damalige Arbeitgeberpräsident Hanns Martin Schleyer entführt wurde, sagten „Augenzeugen" in Live-Radiointerviews, in welche Richtung die Täter mit ihrem Opfer gefahren seien. Die Angaben waren falsch. Die vermeintlichen Augenzeugen waren Helfershelfer der Entführer.

Wenn als Quelle von „Experten", „Beobachtern", „politischen Beobachtern", „westlichen Diplomaten" oder „informierten Kreisen" die Rede ist, ist ebenfalls eine gewisse Skepsis angesagt. Die Gefahr, dass hier „Stimmen" zitiert und als Beleg verwendet werden, die die gewünschte Situation im Sinne des Journalisten oder dessen Position stützen, ist groß. Schließlich ist der Barkeeper in einem Hotel gegenüber dem Weißen Haus in Washington auch ein politischer Beobachter (korrekt müsste es allerdings ohnehin heißen „Politikbeobachter").

„Vertrauliche Quellen" sind ein weiteres, oft unterschätztes Problem. Journalisten müssen oft Quellen verdecken oder geheim halten, um diese zu schützen. Das Presserecht sieht dies in Gestalt des Zeugnisverweigerungsrechts auch ausdrücklich vor. Dies ist sinnvoll, weil so ein recherchierender Journalist einem Gesprächspartner garantieren kann, dass seine Identität nicht öffentlich wird. Dass ein Journalist auch vor Gericht eine Quelle nicht preisgeben muss, schützt beide, den Berichterstatter und seine Redaktion einerseits und die Quelle, den Informanten, andererseits. Dennoch kann es, ungeachtet eindeutiger Rechtslage, zu Problemen kommen, dann nämlich, wenn eine Quelle, das heißt ein Gesprächspartner, dem Vertraulichkeit zugesagt wurde, plötzlich unerwartet Dinge sagt, angesichts derer man als Journalist in rechtliche oder ethische Probleme kommt und sich an die Absprache nicht mehr gebunden fühlen kann. Vertrauliche Gespräche können auch zu Abhängigkeiten führen. So erhält man in solchen Gesprächen unter Umständen zwar wichtige Hintergrundinformationen, die bei anderer Gelegenheit von großem Nutzen sein können, bedeuten sie doch dann einen Informationsvorsprung, allerdings muss sich auch darüber klar sein, dass es nichts gratis gibt, dass eines Tages also Gegenleistungen eingefordert werden und man instrumentalisiert werden kann – eine oftmals schwierige Abwägung. Entscheidend bleibt, wenn es zur Vereinbarung von Vertraulichkeit einer Quelle gegenüber kommt, stets mit zu bedenken, welche Absicht die Quelle mit einer vertraulich gegebenen Information verfolgt und wo die Gefahr liegt, instrumentalisiert zu werden. In jedem Fall ist der Informantenschutz ein hohes Gut, das allerdings auch missbraucht werden kann, indem etwa frei erfundene Informationen ebenso erfundenen Informanten zugeschrieben werden, deren Überprüfung wiederum nicht möglich ist. So war es etwa bei zahlreichen Berichten von Claas Relotius im *SPIEGEL* der Fall.

Die wichtigsten Quellen außerhalb des Mediensystems sind die sogenannten offiziellen Quellen, also Mitteilungen von politischen Amtsinhabern und Institutionen, Behörden, Ämtern, Gerichten und dergleichen. Ohne sie wäre die Nachrichtengebung kaum noch möglich. Die beiden amerikanischen Journalisten und Medienkritiker Martin A. Lee und Norman Solomon haben bereits zu Beginn der 1990er Jahre auf die dramatische Abhängigkeit der Nachrichtenmedien von offiziellen Quellen aufmerksam gemacht. Ihrer Meinung nach sei das erste, was beim amerikanischen Journalismus auffalle, die Tatsache, dass die überwältigende Mehrheit der Geschichten auf offiziellen Quellen beruhe, das heißt auf Informationen, die von Kongressabgeordneten, Beratern des Präsidenten und anderen Politikern verbreitet werden. Lee und Solomon zitieren Studien, nach denen von 2.850 untersuchten Artikeln in der *New York Times* und der *Washington Post* 78 % im Wesentlichen auf „Aussagen von Offiziellen" beruhten.[23] Dies beschreibt die Situation vor 30 Jahren. Angesichts der immer stärker und auch professioneller werdenden Public-Relations-Aktivitäten vor allem in der Politik, muss man heute gewiss von einem noch höheren Anteil ausgehen, selbstverständlich auch in Deutschland. Beobachtet man zumindest die Nachrichten aus dem Politikbetrieb in Berlin und in den deutschen Landeshauptstädten, dann drängt sich die Vermutung auf, dass die Situation ähnlich, wenn nicht noch problematischer ist.

Die klassische Politikberichterstattung lief in früheren Zeiten nach folgendem Schema ab: Absicht – Handlung – Wirkung – Medien. Ein Politiker hatte also eine Absicht, eine Idee. Diese wurde in Handlung umgesetzt, etwa, indem eine Gesetzesinitiative auf den Weg gebracht wurde. Dies hatte Wirkung und schließlich berichteten die Medien darüber. Heute heißt das Schema: Absicht – Medien – Wirkung – Handlung. Ein Politiker hat eine Idee. Diese wird den Medien mitgeteilt. Hat die Berichterstattung die gewünschte Wirkung, dann erfolgt eine Handlung. Ist die Wirkung der Medienberichterstattung

---

23 Lee, Martin A.; Solomon, Norman. *Unreliable Sources – A Guide to detecting Bias in News Media*. New York: Carol Publishing Group, 1990, 16 ff.

nicht die gewünschte, dann geschieht gar nichts. Es ist natürlich klar, dass dieses Schema sehr oft für den Start sogenannter Versuchsballons genutzt wird, das heißt, dass ein Politiker zum Beispiel durch eine öffentliche Äußerung zu testen versucht, ob eine Idee mehrheitsfähig ist oder nicht. Ein weiteres Motiv ist, auf diesem Weg regelmäßiger in die Medien zu kommen. Die Kritik muss hier allerdings weniger den Politikern als vielmehr den Journalisten gelten. Wären sie kritischer und würden gelegentlich weiterverfolgen, was da aus den erwähnten „Absichten" geworden oder nicht geworden ist und auch darüber berichten, dann würden diese Public-Relations-Aktivitäten weniger – ohne, dass dem Publikum irgendetwas fehlte. So wird vieles verbreitet, was die Nachrichtenflut vergrößert aber die Informiertheit nicht erhöht. Im Gegenteil: Die Kanäle werden für wirklich Wichtiges blockiert. „Nachrichten kreieren weitere Nachrichten" ist ein weiteres Problem, vor dem insbesondere die Gatekeeper stehen. Damit sind Journalisten insgesamt gemeint, vor allem aber diejenigen Redakteurinnen und Redakteure, die entscheiden, aus welchen Informationen eine Meldung oder ein Bericht wird und aus welchen nicht. Die Aussicht auf Veröffentlichung animiert die Akteure in Politik und Wirtschaft jedenfalls, Nachrichten-Halbfertigprodukte herzustellen und zu verbreiten. Das heißt, sie bereiten die Themen und Botschaften, die sie verbreiten möchten, so gut auf, dass die Redaktionen sie – je nach Perspektive im (un-)günstigsten Fall – ohne weitere Änderungen oder Recherchen übernehmen können, ohne dass es dem Publikum auffällt. Das spart den Redaktionen Zeit und Geld und sichert den politischen Akteuren und Unternehmen die ungefilterte Weiterverbreitung ihrer Positionen. Die Informationsflut wird dadurch noch größer und sie wird nochmals dadurch verstärkt, dass es zu Reaktionen, Interpretationen und Bekräftigungen kommt. Also ein sich selbst vervielfältigender Prozess.

Doch „offizielle Quellen“ bedeutet natürlich nicht nur Politik. Wichtige Quellen für alle Medien – insbesondere im lokalen und regionalen Bereich – sind Polizei und Feuerwehr. Viele Zeitungsseiten und Sendeminuten könnten ohne den Polizeibericht und ohne die Informationen von der Feuerwehr wohl kaum gefüllt werden. In der Regel machen Redaktionen hier sehr gute Erfahrungen.

Neben den offiziellen Quellen spielt wie bereits gesagt die Public-Relations-Industrie eine wichtige Rolle. Dass der Anteil der Nachrichten, die auf PR-Aktivitäten beruhen, sowohl in den gedruckten als auch in den elektronischen Medien immer größer wird und schließlich sogar überwiegt, wurde von der Medienforschung bereits vor vielen Jahren festgestellt. Barbara Baerns schrieb 1987, rund zwei von drei Beiträgen in den Informationsmedien stellten Ergebnisse von Pressemitteilungen und Pressekonferenzen dar und journalistische Recherche fiele demgegenüber kaum ins Gewicht. Diesen Befund konnte Baerns in einer jüngeren Studie zum Einfluss der Öffentlichkeitsarbeit auf die Medien bestätigen:

> „Im Widerspruch zu journalistischen Selbsteinschätzungen und zu artikulierten Zielen, im Gegensatz zu normgebundenen Möglichkeiten und gesellschaftlichen Erwartungen weisen die empirischen Befunde auf einen verhältnismäßig stark ausgeprägten Einfluss von Öffentlichkeitsarbeit hin. [...] Öffentlichkeitsarbeit hat die Themen der Medienberichterstattung unter Kontrolle. Informationen zu platzieren, Nachrichten zu initiieren, Themen zu forcieren und publizierte Wirklichkeit so zu konturieren, ist den belegten Proportionen zufolge überwiegend Informatoren, nicht Journalisten zugesprochen. Angesichts vorgegebener Themen zeigt sich

> journalistische Recherche als Nach-Recherche. Öffentlichkeitsarbeit hat das Timing unter Kontrolle. […] Informationsvielfalt entsteht unter diesen Voraussetzungen vorwiegend durch unterschiedliche Selektion der vorgegebenen Themen, durch unterschiedliche Interpretation und Bewertung der vorgegebenen Ansichten, durch medienspezifische unterschiedliche Umsetzung der vorgegebenen Angebote und nicht durch Recherche der Medienjournalisten."[24]

Journalisten tun sich traditionell schwer, die Public-Relations als Nachrichtenquelle zu akzeptieren. Vorbehalte sind weit verbreitet. Dabei ist immer wieder zu beobachten, dass hier mit zweierlei Maß gemessen wird. Die PR-Aktivitäten von Wirtschaftsunternehmen werden mit größerer Skepsis betrachtet als die PR aus der Politik. Die oben geschilderten Abläufe sind nämlich nur möglich, weil die Öffentlichkeitsarbeit von Politikern und politischen Institutionen sehr großzügig – oft viel zu großzügig – behandelt wird. Die Nachrichtenauswahl bei Themen aus der Politik verläuft weniger kritisch als bei solchen aus der Wirtschaft. Wirtschafts-PR wird rasch als Produktwerbung angesehen. Dabei wird vergessen, dass PR aus der Politik kaum andere Gründe hat – nur die Produkte sind eben andere.

Public-Relations und Werbung haben in jüngster Zeit ein neues Betätigungsfeld entdeckt, auf das man offenbar sehr stolz ist. Nach dem Motto „Wir benötigen für unsere Botschaften die traditionellen Medien nicht mehr" wenden sie sich über unterschiedliche Internetkanäle unmittelbar an ihre Zielgruppen. In der Werbung ist die Methode zum Teil erfolgreich. Man vermeidet den bei Zeitungs-, Radio- und Fernsehwerbung mehr oder weniger großen Streuverlust. Potenzielle Zielgruppen für die Produkte

---

24 Baerns, Barbara. *Öffentlichkeitsarbeit oder Journalismus? Zum Einfluß im Mediensystem*. Konstanz: UVK, 2014, 130 ff.

werden direkt erreicht. Die Anzeigenrückgänge bei Zeitungen sind deshalb zum Teil dramatisch.

Viele PR-Abteilungen in Unternehmen und anderen Organisationen versuchen nun ebenfalls verstärkt, sich mit ihren Informationen nicht mehr an die Medien zu wenden, sondern direkt an die Öffentlichkeit. „Wir brauchen keine Journalisten. Sie wählen oft nicht das aus, was für uns wichtig ist", so oder ähnlich wird argumentiert. Man nennt dann oft die PR-Abteilung „Newsroom" – vielleicht sogar ohne genau zu wissen, dass dies das englische Wort für „Nachrichtenredaktion" ist. Gewiss, man kann auf diesem Weg die Adressaten im eigenen Interesse manipulieren und umgeht die einem nicht immer wohlgesonnenen Journalisten. Diese Methode wird aber bald an ihre Grenzen stoßen, denn die Adressaten merken logischerweise, dass es sich hier nicht um tatsächliche Informationen handelt, sondern um Produktwerbung. Spätestens aber dann wird man feststellen, dass man einen falschen Weg geht, wenn man in eine Krise geraten ist. Befindet sich ein Unternehmen, eine Partei oder eine Organisation in einer Krise, ist Krisenkommunikation gefragt und es wird selbstverständlich alles getan, den Schaden so gering wie möglich zu halten. Dabei geht es sowohl um materiellen als auch um Imageschaden. Solche Krisenkommunikation funktioniert wegen deren Glaubwürdigkeit nur mit Hilfe der klassischen Medien. Erfahrene Journalisten erkennen in solchen Fällen rasch die sehr unterschiedliche Qualität von Öffentlichkeitsarbeitern. Hier zeigt sich auch, ob zwischen PR-Leuten und Journalisten ein professionelles Vertrauensverhältnis besteht – im Sinne einer sachgerechten Information der Öffentlichkeit. Verstehen sich Öffentlichkeitsarbeiter als Werbeleute, die üblicherweise Medien umgehen und sich direkt an ihr Publikum wenden, dann stehen die Chancen für eine sachliche und möglichst objektive Berichterstattung aus verständlichen emotionalen Motiven nicht besonders gut.

In Krisensituationen greift auch rasch das Instrument des „Framing". Vorgaben – meist sprachlicher Art – werden von den jeweiligen Akteuren gemacht oder sie entwickeln sich während der Berichterstattung durch die Medien. Erinnert sei an die geradezu grotesken und an Realsatire grenzenden und noch dazu misslungenen Versuche der VW-Öffentlichkeitsarbeiter, den Begriff „Dieselskandal" aus der öffentlichen Diskussion zu verbannen, indem man permanent von „Dieselthematik" sprach.

Eine Studie über die Berichterstattung zur Finanzkrise 2008/2009 hat ermittelt, welche Frames dort gesetzt wurden und wie sie letztlich auch die öffentliche Diskussion bestimmt haben:

1. Komplexitäts-Risiko (Neuartige Produkte und Systeme in der Finanzwelt sind undurchschaubar und unverantwortlich, sie tragen immense Risiken in sich.)
2. Globalisierung (Durch Globalisierung und Vernetzung geht alles schneller, Leichtfertigkeit und Ansteckungsgefahr steigen.)
3. Solidarität (Der Staat setzt zur Unterstützung von Banken Steuermittel ein. Gehälter und Boni werden thematisiert.)
4. Gier (Moralische Aspekte der Krise werden gesucht und thematisiert; schuldhaftes Versagen der Manager wird als Ursache der Krise ausgemacht.)
5. Regulierung (Zur Verhinderung künftiger Krisen werden von der Politik Regulierungen gefordert, etwa Verbote bestimmter Produkte und mehr Kontrollen.)
6. Selbstreinigung (Hier wird auf individuelle Krisenursachen verwiesen: Nicht Regulierung ist die Lösung, sondern Selbstreinigung.)

7. Systembedrohung (Die Finanzkrise wird als Schritt zum Zusammenbruch des gesamten Wirtschaftssystems gesehen, historische Krisen werden zum Vergleich herangezogen.)
8. Moral (Staatliche Rettungsmaßnahmen machen Manager in Zukunft noch leichtsinniger, die Risikobereitschaft wird größer.)[25]

Zunehmend an Bedeutung als Nachrichtenquellen gewinnen demoskopische Umfragen. Viele Politiker sehen in Umfrageergebnissen wesentliche Gründe für ihre Entscheidungen – wobei es ja oft bei öffentlichen Äußerungen bleibt und nachfolgendes politisches Handeln nicht selten die Ausnahme bildet. Umfrageergebnisse werden regelmäßig von den Nachrichtenmedien verbreitet. Die journalistische Wiedergabe von Ergebnissen demoskopischer Umfragen steckt aber voller Probleme und es kommt hier auf größte Genauigkeit an. So haben beispielsweise numerisch-äquivalente Begriffe in der Frageformulierung einen erheblichen Einfluss auf das Antwortverhalten. Bei einer Umfrage über die Krankmeldungsquote bei Arbeitnehmern führt es beispielsweise zu sehr unterschiedlichen Ergebnissen, wenn es in der Fragestellung heißt: „jeder Dritte" oder „ein Drittel" oder „einer von drei" oder „etwa 33 %".[26] Ein Beispiel also, wie sehr es bei der nachrichtlichen Wiedergabe von Umfrageergebnissen – oft ungewollt – zu Fehlern kommen kann. Wichtig ist, dass bei der Publikation von Umfragedaten einige Bedingungen erfüllt sind. Dies sind beispielsweise Hinweise auf Auftraggeber

25 Bach, Thomas; Weber, Mathias; Quiring, Oliver. „Das Framing der Finanzkrise. Deutungsmuster und Inter-Media Frame Transfer im Krisenherbst 2008." *Studies in Communication | Media 2, 1 (2012):* 193–224.

26 Lamp, Erich. „Ist einer von drei gleich jedem Dritten? Der Einfluss numerischer Äquivalente auf die Wahrnehmung und Bewertung identischer Sachverhalte." *ZA-Information / Zentralarchiv für Empirische Sozialforschung* 49 (2001): 49–68.

der Studie, das Umfrageinstitut, Repräsentativität, Stichprobe, Fragestellungen, Feldzeit usw. Gleiches gilt für die Hinweise, ob es sich um eine Telefon-, Online- oder Face-to-Face-Befragung handelt. Nachrichten über demoskopische Umfragen erfordern also Raum, das heißt Zeitungsspalten oder Sendeminuten. Für Schlagzeilenberichterstattung eigenen sich Umfrageergebnisse nicht. Beliebter Gegenstand der aktuellen Berichterstattung sind Straßenbefragungen, das heißt Journalisten gehen auf der Straße auf x-beliebige Menschen zu und fragen diese nach ihrer Meinung zu aktuellen Themen. Oft werden auch diese Aktionen als „Umfragen“ bezeichnet, ein fataler Fehler. Es handelt sich nämlich nicht um Umfragen auf der Basis demoskopischer Methoden, sondern lediglich um Stimmungsbilder, die eher Unterhaltungs- als Informationswert haben.

Auf welche Quellen sich professioneller Journalismus auch immer bezieht, es gelten bis heute zwei Grundsätze: Erstens, grundsätzlich die Seriosität und Interessengesteuertheit einer Quelle zu bewerten und in ihrer Gewichtung zu berücksichtigen und zweitens das Zwei-Quellenprinzip. Dies bedeutet, dass eine wichtige Information erst verbreitet wird, wenn eine zweite Quelle sie bestätigt. Lediglich wörtliche Zitate werden direkt veröffentlicht – vorausgesetzt, man erhält die Äußerung vom Urheber selbst oder aus einer zuverlässigen bekannten Quelle, in der Regel von einer Nachrichtenagentur. Auf diese Weise soll vermieden werden, dass eine Falschmeldung oder fehlerhafte Information zur Nachricht wird. Soll eine Information, für die es nur eine Quelle gibt, dennoch verbreitet werden, dann wird dieser Umstand erwähnt.

Die Quellenproblematik wird besonders deutlich in Krisensituationen, vor allem während Kriegen und bei Terrorismus. Bei Terrorakten kann man sich normalerweise – zumindest in demokratisch verfassten Gesellschaften – auf die Informationsvermittlung durch die Sicherheitsbehörden verlassen, auch wenn die Anhänger von Verschwörungstheorien gern das Gegenteil behaupten. Die Ereignisse des 11. September 2001 in den USA ließen Verschwörungstheorien bekanntlich zur Hochform auflaufen, da angeblich diese Anschläge entweder überhaupt nicht oder als Inszenierung der CIA stattgefunden hätten. Alle journalistischen Recherchen bewiesen natürlich von Anfang an das Gegenteil.

Schwieriger ist die Quellenlage in Kriegen. Bis zum Ende des Vietnamkrieges 1975 war es üblich, dass Journalisten die Kampftruppen begleiteten und über das Geschehen berichteten. Selbstverständlich sehr punktuell, da ein Gesamtüberblick über das Geschehen schwierig zu erreichen war. In der Kombination der offiziellen Verlautbarungen der Kriegsparteien ergab sich dennoch meist ein einigermaßen zutreffendes Bild.

Nach dem Vietnamkrieg wurde Kriegsberichterstattung zur Berichterstattung aus den jeweiligen Hauptquartieren, das heißt zu einer Berichterstattung ausschließlich auf der Basis offizieller Quellen. Ausnahmen waren und sind einzelne Journalisten, die auf eigenes Risiko und oft unter Lebensgefahr das Kriegsgeschehen beobachten. Hinzu kommen die sogenannten „embedded journalists", die „eingebetteten Journalisten", die zwar mit den Kampftruppen in die Frontgebiete fahren dürfen, sich aber verpflichten müssen, erst nach dem Ende der Kampfhandlungen über diese zu berichten. Es ist eine schwierige redaktionelle Entscheidung, ob man sich an diesem System beteiligt. Nach dem Vietnamkrieg wurde – wie gesagt – vieles anders. Die prominente amerikanische

Journalistin und erfahrene Kriegsreporterin Martha Gellhorn, die als Journalistin unter anderem an der Landung der Alliierten in der Normandie im Juni 1944 teilgenommen hatte, berichtete etwa rückblickend:

> „Wenn man jetzt kommt und einen Soldaten fragt: ‚Hi, Kid, wie siehts aus?‘ dann kommt gleich ein Aufpasser und der Soldat sagt überhaupt nichts mehr. Kriegsreporter werden nun mit Banalitäten gefüttert, in diesen lächerlichen Informationsgesprächen in den Festsälen irgendwelcher Hotels, weit ab vom Schuss.“[27]

Johannes Grotzky, erfahrener Journalist, Korrespondent in Krisengebieten und viele Jahre Hörfunkdirektor des *Bayerischen Rundfunks* bringt die Problematik der Kriegsberichterstattung auf die Formel:

> „Die wirkliche Kriegsberichterstattung beginnt erst nach dem Krieg. Erst dann kann man Beweggründe der Handelnden hinreichend recherchieren und deren Folgen abschätzen. Erst dann ist ein unabhängiger Zugang zu den Quellen der unterschiedlichen Kriegsparteien möglich – oder sollte möglich sein. Leider ist dann aber auch oft schon das Interesse des Publikums an dem Konflikt erloschen.“[28]

Eine große Gefahr für korrekte Information der Öffentlichkeit ist durch die Mechanismen internetbasierter Medien, vor allem der Social Media entstanden. Das Problem besteht aber vor allem darin, dass Social Media-Angebote von einer wachsenden Minderheit

---

27 Martha Gellhorn zitiert nach: Michaelsen, Hans-Jörg. „Öffentliche Kriege und Private Schlachten." *DER SPIEGEL*, 10.11.2008, 77.

28 Grotzky, Johannes. *Warum Journalist werden? Beiträge aus der Praxis*. Norderstedt: Books on Demand, 2018, 91.

als die einzig „wahren“ Informationsgeber betrachtet werden, die – anders als die traditionellen Medien – die Ereignisse darstellen, „wie sie wirklich sind“. Durch die Filteralgorithmen vieler Social Media-Angebote werden den Nutzerinnen und Nutzern, wie bereits erwähnt, tendenziell nur noch Meldungen und Informationen angezeigt, die zu den zuvor konsumierten passen. Auf diese Weise verstärken sich die Meldungen gegenseitig und bereits bestehende Haltungen der Nutzerinnen und Nutzer werden zementiert. Das Problem verschärft sich, wenn in diese sogenannten Echokammern oder Filterblasen gezielt Falschinformationen, Fake News, eingespeist werden, wie der Online-Nachrichtenjournalist und Blogger Patrick Gensing erklärt:

> „Eine einzelne Lügengeschichte kann nicht viel bewirken, sie verhallt in den Echokammern des Internets. Das Narrativ dahinter ist entscheidend, es stellt einen Kontext her, verleiht der jeweiligen Falschmeldung eine Relevanz für diejenigen, die sie empfangen und dadurch sich und ihre Weltsicht bestätigt sehen. Wirksam sind gezielte Falschmeldungen daher vor allem als Teil von Kampagnen zur Desinformation, mit denen öffentliche Debatten manipuliert und möglichst sogar gelenkt werden sollen – insbesondere vor Abstimmungen, Referenden und Wahlen. Taucht eine solche Falschmeldung auf, wird sie binnen weniger Stunden auf verschiedenen Kanälen, Blogs und Seiten gespiegelt, verlinkt oder leicht verändert wiedergegeben. In den vergangenen Jahren ist ein Netzwerk von ‚alternativen Medien‘ erschaffen worden mit vielen großen und kleinen Knotenpunkten sowie zahllosen Verbindungen untereinander. Die Agierenden in diesem Netzwerk zitieren und befeuern sich gegenseitig, sie unterstützen sich bei virtuellen Auseinandersetzungen und versuchen, durch mehrfache Veröffentlichungen von einer Geschichte auf verschiedenen Seiten zum einen die Reichweite und somit Wirkung zu vergrößern, zum anderen

> die Glaubwürdigkeit zu erhöhen. Aus den vielen kleinen Falschmeldungen stellen sich Menschen, die an Verschwörungstheorien glauben, immer neue Legenden zusammen. Sie können sich dabei auf bereits etablierte Narrative stützen."[29]

Fake News ist zu einem Modebegriff geworden, der in der Öffentlichkeit oft als als Synonym für „falsche Nachrichten" betrachtet wird. Jeder Journalist, auch ich, hat im Laufe seiner Berufstätigkeit falsche Nachrichten verbreitet. Wer ehrlich ist, wird zugeben, dass es sogar viele waren. Journalistische Fehler entstehen durch Fehleinschätzungen, Irrtümer, durch das Vertrauen auf vermeintlich zuverlässige Informanten oder durch bloße Gedankenlosigkeit. Das ist ebenso ärgerlich wie unvermeidlich, vor allem aber geschieht es nie willentlich, sondern immer versehentlich. Fake News aber meinen absichtsvoll verbreitete falsche Nachrichten zum Zweck der Manipulation und bilden so auch das Fundament für wirkmächtige Verschwörungstheorien:

> „Fake News und Verschwörungslegenden lassen sich nicht voneinander trennen. Sie bilden einen Sumpf der Desinformation, in dem Differenzierung und faktenbasierte Argumentation keinen Halt finden und schließlich versinken. Sie sind zugleich der Treibstoff von autoritären Bewegungen, die zum Sturm auf den demokratischen Rechtsstaat blasen, und selbst das Produkt einer Postmoderne, die sie eigentlich bekämpfen."[30]

Wenn wir weiter in einem demokratischen Rechtsstaat leben wollen, müssen wir also etwas dafür tun: So gut und sorgfältig

---

29 Gensing, Patrick. *Fakten gegen Fake News oder Der Kampf um die Demokratie.* Berlin: Bibliographisches Institut, 2019, 17.

30 Gensing. *Fakten gegen Fake News*, 156.

recherchieren, so sinnvoll ausführen und so ansprechend informieren, dass der Anteil derjenigen, die sich von den traditionellen Medien verabschiedet haben und diese als „Lügenpresse“ beschimpft, nicht wächst, sondern schrumpft.

Manipulation – berechtigter Vorwurf oder unbegründete Fundamentalkritik?

Oft wird den „klassischen“ Medien Radio, Fernsehen und Zeitung Manipulation vorgeworfen, nicht nur, aber vor allem durch Akteure, die sich ausschließlich in den sozialen Medien äußern sowie von zumeist populistischen und extremistischen Politikerinnen und Politikern, die ihre Positionen nicht hinreichend in den traditionellen Medien wiedergegeben finden.

Und es stimmt: Im professionellen Journalismus wird manipuliert, sei es mit Absicht oder aus Unkenntnis oder Gedankenlosigkeit. Zwei journalistische Arbeitsfelder spielen dabei die Hauptrolle: Die Informationsauswahl und die Sprache. Wenn von Manipulation durch die Medien die Rede ist, muss allerdings auch gesehen werden, dass die Medien selbst manipuliert werden, dass eine Manipulation der Medien existiert und Medien massiv von außen beeinflusst werden.

A Manipulation durch Auswahl

Es wurde bereits ausgeführt, dass ein Mehr an Informationen nicht zugleich größere Informiertheit bedeutet. Die wachsende Flut an Informationen macht angesichts begrenzter Sendezeiten und Zeitungsseiten einerseits und begrenzter, teilweise sogar schrumpfender Zeitbudgets bei den Mediennutzerinnen und -nutzern eine immer kritischere Auswahl notwendig. Dass Onlineausgaben der klassischen Medien praktisch unbegrenzte Kapazitäten haben, ist nur theoretisch von Nutzen, denn auch die Onlineausgaben haben, aus guten Gründen, die gleiche Struktur wie die Originale in Print, Radio oder Fernsehen.

Die Informationsagenda der Gesellschaft enthält also stets eine Auswahl, und zwar eine sehr kleine. Das Nachrichtenangebot einer größeren öffentlich-rechtlichen Rundfunkanstalt enthält etwa 10 % der eingehenden Informationen, das heißt 90 % werden nicht gesendet. Hier erfüllen die Gatekeeper, die auswählenden, entscheidenden Journalistinnen und Journalisten ihre gleichermaßen schwierige wie verantwortungsvolle Aufgabe. Die Auswahl der zu veröffentlichenden Informationen ist die wichtigste journalistische Aufgabe überhaupt. Gute Präsentation, das heißt attraktives Schreiben oder Sprechen, sind auch wichtig, aber nicht so elementar wie die Selektion. Auswahl findet bereits bei der Berichterstattung von einem Ereignisort statt, sei es eine Sitzung des Bundestages, eine Gerichtsverhandlung oder ein Verkehrsunfall. Die Auswahlprozesse setzen sich fort bis zum letzten Entscheider, dem Gatekeeper, der schließlich über das Bringen oder Nichtbringen einer Meldung befindet.

Nachrichtenselektion ist eines der am meisten erforschten Gebiete in der Medienwissenschaft. Die im Folgenden kurz skizzierten Forschungsansätze, insbesondere die sogenannte Nachrichtenwert-Theorie, die die journalistische Praxis recht gut widerspiegelt, mögen zeigen, wie groß die Möglichkeiten der Manipulation schon bei der Auswahl sind:

1. Beim **Gatekeeper-Ansatz** werden die Motive untersucht, nach denen der auswählende Journalist bestimmte Informationen weglässt oder auswählt. Bereits in den 1950er Jahren hat der amerikanische Medienforscher David Manning White diese Forschung begründet.

2. Der **News-Bias-Ansatz** wurde von den US-amerikanischen Forschern Malcolm W. Klein und Nathan Maccoby entwickelt, um im amerikanischen Wahlkampf 1952 den Einfluss von Verlegern auf die Berichterstattung zu untersuchen. Der Begriff „Bias" steht sinngemäß für Voreingenommenheit, Steuerung durch Eigeninteressen usw.
3. Die **Nachrichtenwert-Theorie** (auch News-Value-Ansatz) ist die wichtigste und am stärksten der journalistischen Praxis entsprechende Methode und bis heute State of the Art der Journalismusforschung. Bei dieser Art der Untersuchung werden im Unterschied zu den Methoden 1 und 2 nicht die Präferenzen der auswählenden Journalisten untersucht, sondern der Nachrichtenwert von Ereignissen: Welche Eigenschaften muss ein Ereignis haben, damit es von den auswählenden Journalisten einen Nachrichtenwert zuerkannt bekommt und dann veröffentlicht wird?
4. Der **konstruktivistische Ansatz** schließlich ist eine Weiterentwicklung und Ergänzung der Nachrichtenwert-Theorie und insofern für die Situation heute ebenfalls von großer Bedeutung.

Da sie auch in der journalistischen Praxis die größte Rolle spielen, lohnt es sich, die Nachrichtenwert-Theorie und den konstruktivistischen Ansatz genauer zu betrachten.

Bei der Nachrichtenwert-Theorie geht es wie gesagt darum, welche Eigenschaften ein Ereignis haben muss, damit es von den auswählenden Redakteuren, den Gatekeepern, als Nachricht ausgewählt wird, also Nachrichtenwert zuerkannt bekommt. Obwohl dieser Ansatz bereits vor knapp 100 Jahren von dem US-amerikanischen Journalisten und Kommunikationswissenschaftler Walter Lippmann begründet wurde, hat er an Aktualität nichts eingebüßt und sein 1922 erschienenes Buch *Public Opinion*[31] gilt noch immer als Standardwerk. Lippmann führte den Begriff *news value*, also Nachrichtenwert, ein. In den 1960er Jahren entwickelten die beiden norwegischen Friedensforscher Johan Galtung und Mari Holmboe Ruge diese Forschung weiter und erstellten einen Katalog von zwölf Nachrichtenwertfaktoren, der den Verfahrensweisen der journalistischen Praxis noch immer sehr nahekommt:

1. Frequenz (Hier geht es um die Zeit, die ein Ereignis braucht, um sich zu entwickeln. Kurzfristige Ereignisse und solche, die dem Erscheinungsrhythmus des jeweiligen Mediums entsprechen, werden bei der Auswahl bevorzugt.)
2. Schwellenfaktor (Der auswählende Journalist denkt immer an die Aufmerksamkeitsschwelle, die beim Adressaten überwunden werden muss. Je auffälliger, ungewöhnlicher, ein Ereignis, desto eher wird es diese Aufmerksamkeitsschwelle überwinden.)
3. Eindeutigkeit (Eindeutige, konkrete Ereignisse haben eine größere Chance in die Nachrichten zu kommen als komplexe und widersprüchliche.)
4. Bedeutsamkeit (Auch Wichtigkeit oder Relevanz. Der Gatekeeper achtet stets darauf, ob das Ereignis große Tragweite hat oder für seine Adressaten persönlich von Bedeutung ist.)
5. Konsonanz (Je besser ein Ereignis mit den vermuteten Einstellungen und Erwartungen des Publikums übereinstimmt, desto eher wird es zu Nachricht.)
6. Überraschung (Überraschende Ereignisse haben eine größere Chance, ausgewählt zu werden, als solche, mit denen man ohnehin rechnet.)

31 Lippmann, Walter. *Public Opinion*. New York: Simon and Schuster, 1970 [1922], 85 ff.

7. Kontinuität (Man kann dies auf die Formel „Einmal Nachricht, immer Nachricht“ bringen. Ist ein Thema erst einmal gesetzt, bleibt es lange auf der Agenda.)
8. Variation (Ein Ereignis wird gerne am „Gegenteil“ festgemacht. Über den plötzlich kalten Winter wird eher berichtet, wenn der Sommer besonders heiß war, usw. usf.)
9. Elitenationen (Ereignisse, die politisch und wirtschaftlich besonders einflussreiche Staaten, sogenannte Elitenationen, betreffen, haben einen wesentlich höheren Nachrichtenwert als andere. So erklärt sich etwa, warum der Globale Süden in unseren Nachrichten nur eine sehr untergeordnete Rolle spielt oder warum wir häufiger etwas über Luxemburg als über Kanada lesen.)
10. Elitepersonen (Dies ist der sogenannte Promi-Faktor. Journalisten beziehen Nachrichten vor allem auf Menschen. Wer erst einmal bekannt ist, bleibt auf der Agenda, positiv wie negativ.)
11. Personalisierung (Nachrichten werden generell, wann immer es geht, an Personen festgemacht. Je besser ein Ereignis sich am Handeln oder Empfinden einer Person darstellen lässt, desto eher wird es zur Nachricht.)
12. Negativität (Mit diesem Faktor werden alle Stammtische bedient, denn die Nachrichten bringen ja angeblich nur das Negative und vieles in den Nachrichten ist in der Tat negativ. Korrekter wäre allerdings der Begriff „von der Norm abweichend“, und dies kann durchaus auch positiv sein. Darüber hinaus ist ‚negativ‘ natürlich auch eine Frage der Perspektive. Man denke etwa an ein völlig überraschendes

Wahlergebnis. Aus der Sicht des Gewinners sicherlich kein negatives Ereignis …)[32]

Diese zwölf Nachrichtenwertfaktoren wurden in der zweiten Hälfte der 1970er Jahre von dem deutschen Medienwissenschaftler Winfried Schulz überarbeitet und modernisiert, vor allem benannte er die Nachrichtenwertfaktoren noch detaillierter und praxisnäher.[33] Die wichtigste Neuerung war aber Schulz' überzeugende These, dass Nachrichten nicht die Realität abbilden, sondern eine eigene Realität, die Medienrealität, konstruieren, weshalb dieser Ansatz „konstruktivistischer Ansatz" genannt wird.

In der Redaktionspraxis arbeiten die Gatekeeper selbstverständlich nicht die Liste der Nachrichtenwertfaktoren wie eine Checkliste ab. Dennoch hat man sie im Hinterkopf. Und: Je mehr Faktoren auf ein Ereignis zutreffen, desto größer ist tatsächlich die Chance, ausgewählt zu werden. Im Prinzip gilt in Redaktionen eine Art Drei-Stufen-System. Kategorie 1 umfasst Themen, die gebracht werden müssen, über die es auch keine Diskussion gibt, wie die Wahl des Bundestages, der Rücktritt der Kanzlerin, schwere Katastrophen usw. Kategorie 2 sind Themen, die nach Möglichkeit gebracht werden sollten, wenn Kategorie 1-Themen nicht bereits alle Seiten und Sendeminuten füllen. Dazu gehören etwa Wahlen in einem für Deutschland weniger bedeutenden Nachbarland oder auch der Rücktritt eines dortigen Politikers. Kategorie 3 sind „Kann-Themen", die man bringen kann, wenn noch Platz ist. Hier kann man die persönlichen Präferenzen der auswählenden Journalisten am ehesten erkennen. Dies ist

32 Galtung, Johan u. Ruge, Mari Holmboe (1965) „The Structure of Foreign News: The Presentation of the Congo, Cuba and Cyprus Crises in Four Norwegian Newspapers." *Journal of Peace Research* 2, 1 (1965): 64–91.

33 Schulz, Winfried. *Die Konstruktion von Realität in den Nachrichtenmedien. Analyse der aktuellen Berichterstattung*. Freiburg: Alber, 1976.

überhaupt kein Problem, denn, es handelt sich ja um „Kann-Meldungen".

Betrachtet man allein die Liste der Nachrichtenwertfaktoren, dann wird deutlich, welche Entscheidungsspielräume die Gatekeeper, also die auswählenden Journalisten haben. Bedenkt man dann auch noch, dass der größere Teil der in einer Redaktion einlaufenden Nachrichten nicht gebracht wird, dann wird deutlich, welche Manipulationsmöglichkeiten hier existieren. Dies heißt nicht, dass auch ständig manipuliert würde. Die meisten Gatekeeper verhalten sich professionell und redlich. Sie bemühen sich um Objektivität, die aber logischerweise nicht erreicht werden kann. Die Professionalität dokumentiert sich auch im Quervergleich der Medien. Zwischen seriösen Medien gibt es bei der Auswahl der wichtigen Themen kaum Unterschiede – allenfalls bei der Gewichtung, das heißt bei der Platzierung, bei der Aufmachung usw.

Zum Thema Auswahl gehört ein weiterer Aspekt, nämlich die Auswahl durch die Adressaten. Diese beginnt mit der Entscheidung für ein bestimmtes Medium. Welche Zeitung will man lesen, welches Radio- oder Fernsehprogramm möchte man einschalten? Innerhalb des Angebots, für das man sich entschieden hat, wird wiederum ausgewählt. Kaum jemand liest eine Zeitung ganz oder nutzt ein Radio- oder Fernsehprogramm den ganzen Tag. Und schließlich fällt noch die persönliche Entscheidung, welche der erhaltenen Informationen man behalten will. Bei diesen Auswahlschritten greift bei fast allen Mediennutzern natürlich das Phänomen der Vermeidung kognitiver Dissonanz. Man entscheidet sich stets für das, was die eigene Position, die eigenen Vorstellungen bestätigt.

Problematisch kann das sein, wenn Menschen sich ausschließlich über soziale Medien informieren. Wie bereits im vergangenen

Kapitel kurz angerissen, steuern dann im Zweifel nur noch Algorithmen, was man an Informationen bekommt. Wenn einmal bekannt ist, für welche Themen man sich interessiert, wird man ständig damit versorgt, während andere Themen nicht mehr auftauchen. Das gilt gleichermaßen für „normale" Mediennutzer wie für Journalistinnen und Journalisten, wenn hier auch in schwächerem Maß. Auch sie nutzen soziale Medien und werden dort mit „zu ihnen passenden" Informationen versorgt, ob sie wollen oder nicht. Nur steht ihnen daneben noch ein riesiger Pool anderer, qualitativ hochwertiger Informationen zur Verfügung, aus dem sie auswählen und gewichten.

Auswahlentscheidungen sind für Journalisten, die – sieht man von Fachjournalisten ab – naturgemäß Generalisten sind, besonders schwer, wenn es um wissenschaftliche Studien oder um Wissenschaft generell geht. Wissenschaftliche Studien sind für den Laien meist schwer verständlich. Wissenschaftler ihrerseits tun sich schwer, allgemeinverständliche Nachrichtenmeldungen über die Ergebnisse ihrer Studien zu formulieren, möglicherweise aus Sorge, Kollegen könnten ihre Fachkompetenz bezweifeln. Hier liegen oft Probleme für die Wissenschaftskommunikation. Für Journalisten ist es vielfach auch schwer, die Qualität von Studien und ihrer Autoren zu bewerten, vor allem, wenn es nicht um Naturwissenschaften oder Medizin, sondern Geistes- und Sozialwissenschaften geht, in denen es kein eindeutiges Richtig und Falsch gibt. Es gibt Institute, sogenannte Think Tanks, oft in der Rechtsform einer Stiftung, deren erklärtes Ziel es ist, Politik zu machen oder zumindest zu beeinflussen. Hier ist Recherche zum Beispiel zwingend erforderlich. Oder wissenschaftliche Institute mit engen Verbindungen zu Wirtschaftsverbänden, Gewerkschafts- oder auch Parteistiftungen. Auch hier ist Vorsicht geboten. Ebenso, wenn es um Themen aus der Medizin geht, kann die Auswahl der Informationen hier doch unmittelbare negative Folgen haben. Man denke an neue Medikamente, die noch nicht verfügbar sind, aber erwartet werden. Die Neigung von Journalisten ist groß, positive Erwartungen herauszustellen und Probleme zu übersehen. So werden unter Umständen falsche Hoffnungen geweckt und spätere Enttäuschungen sind vorprogrammiert. Mögliche Folgen zu bedenken, sollte also zu einem verantwortungsbewussten Journalismus gehören.

B Manipulation durch Sprache

Neben der Nachrichtenselektion ist die Sprache der Bereich, in dem die Manipulationsgefahr am größten ist. Neben dem Framing, also dem Versuch, Begriffe in einen bestimmten Zusammenhang zu setzen, gehören in diesen Zusammenhang zum Beispiel Begriffe, die auf den ersten Blick wie Synonyme erscheinen, in Wirklichkeit aber die Adressaten in eine bestimmte Richtung beeinflussen (sollen). So sprach man durchaus vom „Franko-Regime" in Spanien, gleichzeitig aber von der „Regierung der DDR". Ob es „Gewinn" oder „Profit" heißt, hängt auch von der Position des Autors ab. Begriffe wie „Preiskorrektur" für „Preiserhöhung", „negatives Eigenkapital" für „Schulden" oder „Nullwachstum" statt „Stagnation" sprechen eine eindeutige Sprache. Die Reihe ließe sich noch beliebig weiterführen: „Mindereinnahmen" für „Verluste", „Rückbau" für „Abriss", „Freisetzung" für „Entlassung", „Flexibilitätsreserve" statt „Zeitarbeiter" usw. usf.

Auch zusammengesetzte Begriffe wie „sozial-liberale" oder „christlich-liberale Koalition" werden durch geschickte Public Relations so platziert, dass gewünschte Effekte erzielt werden.

Im Deutschen liegt bei zusammengesetzten Wörtern der Akzent bekanntlich in der Regel auf dem zweiten Teil, im Beispiel hier also auf „liberal". Dass damit der jeweils kleinere Koalitionspartner, die FDP, so stark betont wurde, entsprach in beiden Fällen der Absicht, das liberale Element zu betonen und so bestimmte Wählergruppen anzusprechen. Auch Begriffe wie „Heiliger Krieg" oder „Konsumterror" werden von ihren Urhebern zwar als Fakten betrachtet, objektiv sind sie es aber nicht. Auch hier darf ein Hinweis auf die Urheber, etwa Islamisten oder Gewerkschaftsfunktionäre, nicht fehlen. Sind solche Begriffe allerdings erst einmal eingeführt, gibt es kaum eine Chance zur Korrektur. Es bleibt daher nur der Appell an Journalistinnen und Journalisten, neue Wortschöpfungen nicht einfach gedankenlos zu übernehmen und durch stetes Wiederholen zu festen Begriffen zu machen.

Auch ganz einfache Worte können zur Manipulation benutzt werden. Beim Vereinfachen von Zahlen – insbesondere in den gesprochenen Nachrichten – wird dies deutlich. Wenn sich an einem spontanen Warnstreik 9,8 % einer Belegschaft beteiligen, dann ist es ein Unterschied, ob man von „knapp 10 %" spricht oder von „fast 10 %". Die Arbeitgeberseite wird wohl eher von „knapp" und die Arbeitnehmerseite vermutlich von „fast 10 %" sprechen. Auch eine Formulierung wie „der Ministerpräsident fehlte in der Runde" anstelle von „der Ministerpräsident war nicht anwesend" macht eine Wertung deutlich.

Problematisch ist es auch, wenn wertende Begriffe als Tatsachen übernommen werden. Im Polizeibericht heißt es zum Beispiel gelegentlich: „Der Polizeibeamte musste von der Schusswaffe Gebrauch machen." Diese Formulierung darf natürlich als wörtliches Zitat so übernommen werden. Aber ohne Zitathinweis muss es heißen: „Der Polizeibeamte hat von der Schusswaffe Gebrauch gemacht“ oder noch besser: „Der Polizist hat geschossen.“ Dass er schießen *musste*, ist die Bewertung durch die Polizei, die dann auch als solche Bewertung zitiert werden muss.

Überschriften spielen naturgemäß in den Print- und Onlinemedien eine herausragende Rolle. In den gesprochenen Medien wirken sie eher „gekrampft“, weil sie oft den Erzählfluss stören. Versuche zeigen immer wieder, dass die gesprochene Überschrift leicht einen Verkündigungs- und Ausrufer- wenn nicht gar Marktschreier-Charakter bekommt. Dies entspricht aber nicht der Kommunikationssituation dieser Medien. Die Macherinnen und Macher von Radio und Fernsehen machen sich oft nicht klar, dass sie zwar unter Umständen sehr viele Zuhörerinnen und Zuhörer haben, dass diese aber nicht alle gemeinsam etwa in einem Stadion zuhören. Mehr als zwei Menschen hören selten gemeinsam zu, meist ist es sogar nur einer. Die Ansprache entspricht also eher der am Telefon. Es ist interessant, wie oft man dennoch „angeschrien“ wird…! Deshalb geht es bei Überschriften im Wesentlichen also um Print- und Onlinemedien. Die Überschrift ist quasi die „Nachricht über der Nachricht“. Sie verschärft die ohnehin scharfe journalistische Informationsauswahl nochmals, indem sie rafft. Die Überschrift muss verkürzen, denn sie soll innerhalb von Millisekunden einen Kauf- und Leseanreiz bieten. Insbesondere für Boulevardmedien gilt der Kaufanreiz. Eine Boulevardzeitung muss sich auf der Straße verkaufen, sie hat in der Regel wenige oder gar keine Abonnenten. Aber auch Abonnementzeitungen wollen natürlich für ihre Leser auch durch Überschriften ihre Attraktivität beweisen. Wolf Schneider, selbst erfahrener Journalist und Autor zahlreicher Bücher über die Sprache der Medien, machte dies einmal an einem interessanten Beispiel deutlich. Eine große deutsche Tageszeitung titelte: „Das Jahr der Autodiebe. Schon

63.000 Wagen verschwunden." Im Text hieß es dann: „Drastische Zunahme der Diebstähle". Schneider stellte dazu fest:

> „Bei 35 Millionen Autos sind das 1,8 Promille; anders ausgedrückt: Etwas mehr als 998 von 1000 Autos blieben im letzten Halbjahr ungestohlen [...], das heißt: Nur einmal in 278 Jahren ist mein Auto an der Reihe. Eine solche Quote werden viele Leser als erstaunlich niedrig betrachten, geradezu als eine Beruhigung. [...] Jedenfalls liegt die Zahl dramatisch unter der der schweren Verkehrsunfälle im selben Zeitraum [...]. Sollten wir nicht also wieder einmal ein ‚Jahr der Verkehrsopfer' gehabt haben? Hat die Redaktion mit ihrem ‚Jahr der Autodiebe' nicht einen völlig schiefen Akzent gesetzt [...]?"[34]

Überschriften bedeuten Verkürzung, Dramatisierung und manchmal auch Verfälschung. Gewiss, es gibt Meisterleistungen bei der Gestaltung von Überschriften. Boulevardzeitungen geben sich natürlich aus den genannten Gründen besondere Mühe. Man denke an die Schlagzeile der *Bild*-Zeitung als Kardinal Joseph Ratzinger zum Papst gewählt wurde: „Wir sind Papst". Als der Erzbischof von München und Freising, Reinhard Marx, zum Kardinal ernannt wurde, lautete die Überschrift in *Bild* „Marx ist jetzt ein Roter". So etwas muss einem erst einmal einfallen! Als wegen der Corona-Pandemie 2020 das Oktoberfest in München abgesagt werden musste, titelte *Bild*: „No'zapft is!". Natürlich gehen solche Überschriften an die Emotionen, dies ist die Absicht. Eher zum Schmunzeln sind missverständliche Überschriften. Drei Beispiele mögen dies dokumentieren. „Besser leben mit Asthma" als Titel der *Apotheken Umschau* am 01.06.2010; „Kanzlerin

34 Schneider, Wolf; Esslinger Detlef. *Die Überschrift: Sachzwänge – Fallstricke – Versuchungen – Rezepte.* Berlin: Econ, 2007, 13.

stört Protest nicht" aus der *Frankfurter Allgemeinen Zeitung* vom 28.09.2013 und „CDU-Chefin vor Parteitag gelassen" aus den *Badischen Neuesten Nachrichten* vom 22.11.2019 sind zugleich Belege für journalistische Nachlässigkeit. In einer Tageszeitung, wo es oft wirklich auf die Minute ankommt, mag dies verzeihlich sein. Bei einer Zeitschrift, die im Wochentakt erscheint, müsste man wohl mehr Sorgfalt erwarten. Lehrbücher für Journalisten formulieren daher fünf Vorgaben, die Überschriften erfüllen sollten:

1. Die Überschrift muss eine klare Aussage haben.
2. Diese Aussage sollte auch die zentrale Aussage des Textes sein.
3. Sie darf den Text nicht verfälschen.
4. Sie muss korrekt, leicht zu fassen und unmissverständlich formuliert sein.
5. Sie sollte einen Leseanreiz bieten.[35]

Manipuliert wird oft auch, um negative Begriffe zu „puffern", das heißt positiver erscheinen zu lassen. Auch hier tendieren Journalisten dazu, die weichgespülten Begriffe einfach zu übernehmen. Einige Beispiele: „es ist nicht hilfreich" statt „es ist zu unterlassen", „verhaltensoriginell" statt „verhaltensgestört", „Easy Shopping" statt „Ratenkauf", „Kollateralschaden" statt „getötete Zivilisten" oder „alternative Verhörmethoden" statt „Folter".

Auch Begriffe aus der Sprache des Militärs tauchen oft – ohne mit Militärthemen zu tun zu haben – in Nachrichten auf. Ausdrücke wie „Schlachtfeld", „Fadenkreuz", „tickende Zeitbomben", „Front", „feindliche Übernahme", „potenzielle Eroberer", „mobil machen" usw. finden sich nahezu täglich, oft im Zusammenhang übrigens mit Wirtschaftsthemen, und suggerieren Bilder von Opfern und

35 Schneider; Esslinger. *Die Überschrift*, 17.

Tätern, Unrecht und Gewalt, wo es tatsächlich vielleicht „nur" um einen Patentkonflikt geht.

Zu beachten ist auch, dass Begriffe im Laufe der Zeit ihre Bedeutung verändern und sich Perspektiven auf (historische) Entwicklungen wandeln, je nachdem, wer gerade die Deutungshoheit innehat. So wird aus einem „Attentäter" ein „Freiheitskämpfer". Dieser wird zum „Untergrundpolitiker" und weiter zum „Mitglied einer Gegenregierung". Und wird diese Person schließlich demokratisch gewählter Regierungschef, dann ist sie auch so zu bezeichnen. Es geht daher nicht an, dass es etwa heißt: „Der israelische Ministerpräsident, der frühere Untergrundkämpfer, ..." In einem Portrait dieses Politikers dürften und müssten wichtige Details aus dessen Lebenslauf natürlich genannt werden.

Interessante Beispiele für die Inanspruchnahme der Sprache für politische Zwecke finden sich im DDR-Duden, den es ja bis zur Wiedervereinigung Deutschlands parallel zum Duden aus Mannheim gab. Dort heißt es zum Beispiel zum Stichwort „Parlament": „Gesetzgebende Körperschaft in bürgerlichen Staaten." Oder unter „Parlamentarismus": „Bürgerliche Regierungsform, in der formal das Parlament die Politik bestimmt." Das Wort „parteilich" wird definiert: „Die Parteigrundsätze entschieden vertretend und anwendend".[36] Umgekehrt heißt es heute im Duden zu „parteilich": „2 a) bewusst oder unbewusst die Interessen einer bestimmten Klasse vertretend" mit Verweis auf den kommunistischen Sprachgebrauch und „ 2 b) die Partei der Arbeiterklasse und des Sozialismus entschieden vertretend und danach handelnd" als üblicher Sprachgebrauch in der DDR.[37]

36 Der große Duden" (1985) 18. Neubearbeitung VEB-Bibliographisches Institut Leipzig.

37 „parteilich", *Duden Online*, Bibliographisches Institut 2020, https://www.duden.de/rechtschreibung/parteilichduden.de/rechtschreibung/parteilich

Wenn es um die Sprache der Medien geht, spielt das Thema gendergerechte Sprache inzwischen zu Recht eine herausragende Rolle. Die Diskussionen reichen von korrekt und rein sachorientiert bis zu ideologisch und gelegentlich auch absurd. Das Eintreten für die Gleichstellung der Geschlechter ist eine zentrale Aufgabe der Medien – selbstverständlich nicht nur das Eintreten, sondern vor allem auch das eigene Praktizieren. Dass bei der gesellschaftlichen Debatte über dieses Thema viel Ideologie im Spiel ist, zeigt sich beinahe täglich. Es zeigt sich allerdings leider auch, dass diese Ideologisierung der Sache eher schadet. Wenn es um das Thema „Gendern" und vor allem um seine praktische Umsetzung geht, beobachtet man in den Medien nicht eine Manipulation im engeren Sinne, sondern eher Demonstrationen in Gestalt eines manchmal bis ans Militante grenzenden Eintretens für bestimmte Formen. Es darf keine Zweifel daran geben, dass Medien, wenn es um die Frage der Geschlechtergerechtigkeit geht, sprachlich korrekt verfahren müssen. In letzter Zeit findet aber eine etwas weltfremde Diskussion um entsprechende Formen statt. So werden in Firmen und Institutionen Kommissionen eingesetzt, die alle Dokumente auf Genderkorrektheit überprüfen. Das ist grundsätzlich gut und richtig. Man hört dann immer wieder, wie rasch solche Aktivitäten an ihre Grenzen stoßen. Bei Textpassagen wie „Freiheit, Gleichheit, Brüderlichkeit…" oder „Wer zu spät kommt, den bestraft das Leben…" kommen selbst Profis ins Grübeln. Kürzlich hörte ich Kolleginnen und Kollegen im Scherz diskutieren, wie es denn mit dem Satz in einem Gespräch auf einer Party sei: „Wer hat denn im Bad seinen Lippenstift vergessen?" Die Versuche, durch besondere „Techniken" das eigentlich längst kaum noch existierende Problem zu lösen, sind nur bedingt zielführend. Das sogenannte „Gender-Sternchen" oder das „Binnen-I" mögen hier und da funktionieren.

In der Medienpraxis lösen sie aber allenfalls in den gedruckten und in den geschriebenen Onlinemedien das Problem. In den gesprochenen Medien Radio und Fernsehen funktioniert dies einfach nicht. Man kann täglich in den Programmen hören, wie sich Sprecherinnen und Sprecher bemühen, dabei vermeintlich korrekt zu verfahren. Man nehme das Beispiel des Binnen-I. Der Versuch, dieses zu sprechen, muss misslingen. Spricht man ganz einfach nur in normalem Sprachduktus, dann entsteht zwangsläufig die weibliche Form. Die Männer werden also nicht mehr erwähnt. Wird das Binnen-I betont, entsteht ein Sprachduktus, der mit dem Normalen gar nichts zu tun hat. In einigen Redaktionen gibt es die Order, im Text abzuwechseln zwischen der weiblichen und der männlichen Form, damit beide Geschlechter zu ihrem Recht kommen. Damit wird aber der Text inhaltlich unkorrekt. Korrektheit ist aber – dies sei in aller Deutlichkeit gesagt – zwingend. Daran darf es keine Zweifel geben. Von Medien, zumindest seriösen, wird zu Recht sprachliche Genauigkeit erwartet. Dabei geht es nicht nur um Korrektheit in Rechtschreibung und Grammatik. Die Lösung hier liegt aber auf der Hand und ist recht einfach. Unverkrampft zu sagen: „Polizistinnen und Polizisten", „Studentinnen und Studenten" oder „Ärztinnen und Ärzte" ist doch wirklich nicht schwer. Zwar geizen Redaktionen immer mit Platz und Sendesekunden, aber so viel länger werden die Texte durch diese Form der Korrektheit auch nicht.

Ein weiteres Feld der Mediensprache kann zu versehentlicher Manipulation, zur Verfälschung von Inhalten führen. Journalisten tun sich nämlich oft mit Fremdsprachen und mit juristischen Begriffen schwer. Angesichts der zahllosen Begriffe, die aus dem Englischen übernommen werden, und der Vielzahl der Rechtsbegriffe, die in der Berichterstattung vorkommen, müssten hier dringend Defizite aufgearbeitet werden. Dies ist wichtig, da die Medien – zumindest die seriösen – auch einen Bildungsauftrag haben. Einige Beispiele für falsche Übersetzungen: „Trump-Administration“ bedeutet „Trump-Regierung“. Das Wort Administration steht bei uns bekanntlich aber für Verwaltung. „Deal“ steht für „Abkommen“ oder „Vereinbarung“. Im Englischen ist dies kein negativer Begriff, im Deutschen ist er aber negativ besetzt. „Job“ steht für „Beruf“ oder „Arbeitsplatz“. Nicht übersetzt ist der Begriff eher abwertend. Und das im Moment allgegenwärtige „Home Office“ bezeichnet eigentlich das britische Innenministerium. Auch für die Unkenntnis juristischer Begriffe lassen sich leicht zahlreiche Beispiele finden: „Eigentum“ und „Besitz“ sind nicht dasselbe. „Verhaftung“ und „Festnahme“ ebenfalls nicht. Gleiches gilt für „Berufung“ und „Revision“ oder „Angeklagter“ und „Beschuldigter“. Es heißt auch „Sicherungsverwahrung“ und nicht „Sicherheitsverwahrung“. Demonstrationen müssen auch nicht genehmigt, sondern angemeldet werden und werden gegebenenfalls verboten. Nachdenklich machen muss es auch, wenn im Radioprogramm „Botschaft“ und „Konsulat“ sowie „Botschafter“ und „Gesandter“ als Synonyme betrachtet werden.

Nun müssen Journalisten nicht Jura studiert haben, aber es gibt leicht verständliche Handbücher, die derartige Begriffe erläutern. Das Problem besteht schließlich nicht nur darin, dass so auch die Mediennutzer im Unklaren gelassen werden oder sich falsche Begriffe einprägen, sondern auch darin, dass es Mediennutzer gibt, die es besser wissen. Und diese schließen dann möglicherweise – oft zu Unrecht – aus derartiger Unkenntnis auf Unkenntnis auch in anderen Bereichen.

C Skandalberichterstattung

Die Berichterstattung über Skandale liefert Gesprächsstoff für viele Menschen und überdeckt so oft wichtige Themen, die plötzlich kaum noch interessieren. Deshalb nutzen geschickte Öffentlichkeitsarbeiter in Wirtschaft und Politik oft solche skandalträchtigen Zeiten, um unangenehme Informationen, die man leider nicht ganz verschweigen kann, an die Medien zu geben. Häufig vertrauen sie erfolgreich darauf, dass sie in der Debatte über das Skandalthema untergehen oder allenfalls am Rande erwähnt werden. Auf diese Weise trägt auch Skandalisierung zu einem Weniger an Informiertheit bei.

Fast alle Skandale – und dies gilt nicht nur für die Boulevardmedien – beruhen auf Dramatisierungen, die letztlich auf eine Manipulation der Öffentlichkeit hinauslaufen und seriöse Informationen verhindern oder überdecken. Der Kommunikationswissenschaftler Hans Mathias Kepplinger unterscheidet sechs Typen der Skandalisierung:

> „1. Horror-Etiketten: Missstände oder Schäden werden mit extremen Begriffen bezeichnet (‚Waldsterben', ‚Giftregen', […] ‚Killerbakterien', ‚Katastrophe', ‚Desaster', ‚Super-GAU', […]).
> 2. Verbrechens-Assoziationen: Normverletzungen werden als schwere Kriminalität oder als schwerer Verstoß gegen allgemeine ethische Grundsätze charakterisiert (‚Verfassungsbruch', ‚Wasserdiebstahl', ‚Blutbad' […]).
> 3. Katastrophen-Suggestionen: Maximale Schäden werden als wahrscheinlich präsentiert, ihre tatsächliche Unwahrscheinlichkeit wird ausgeblendet. […]
> 4. Katastrophen-Collagen: Missstände und Schäden werden in eine Reihe mit Extremfällen gestellt […].

5. Schuld-Stapelungen: Kleinere Normbrüche, die kaum Konsequenzen nach sich ziehen würden, werden bei der seriellen Skandalisierung als Teile einer Serie von ähnlichen Fällen dargestellt, die aufeinandergestapelt den Eindruck eines großen Missstandes hervorrufen, dessen Ursachen im Charakter des Akteurs liegen. [...]
6. Optische Übertreibungen: Missstände, Schäden und Normverletzungen werden durch Fotos oder Filme als besonders schwerwiegend, gefährlich oder beängstigend dargestellt [...]."[38]

D Auch die Medien werden manipuliert

Journalisten unterliegen in ihren Entscheidungen extrem starken Außeneinflüssen. Der große Einfluss von Presse- und Öffentlichkeitsarbeit durch das Setzen von Themen, das Framing von Themen und die geschickte Präsentation von PR-Material wurde bereits mehrfach erwähnt. Die Öffentlichkeitsarbeit setzt Themen und Termine. Dies ist Medienalltag. Es werden auch Ereignisse inszeniert. Beispiele sind die zahlreichen Themen-Tage, die immer häufiger ausgerufen werden: „Tag des Buches", „Tag des Bieres", „Tag des ...". Die Reihe der Beispiele lässt sich lange fortsetzen. All dies sind reine Public Relations-Inszenierungen, das heißt Pseudoereignisse. Denn es geschieht genau genommen nichts. Ein Thema wird gesetzt und drumherum werden Medienereignisse inszeniert. Das Thema kommt auf die Agenda, das Ziel ist erreicht. In der Politik ist dies nicht anders. Es stellt sich hier die Frage, warum Journalisten nicht kritischer sind und dieses Spiel mitspielen. Dafür gibt es im Wesentlichen drei Gründe. Zum einen brauchen die Medien viel Material, Zeitungsseiten

38 Kepplinger, Hans Mathias. *Mechanismen der Skandalisierung. zu Guttenberg, Kachelmann, Sarrazin & Co.: Warum einige öffentlich untergehen – und andere nicht.* München: Olzog, 2012, 50.

und Sendeminuten müssen gefüllt werden. Zum anderen werden die Themen oft so geschickt gewählt, dass sie ein Interesse in der Öffentlichkeit erwarten lassen. Und schließlich spielen hier die sogenannten Leitmedien eine Rolle. Wenn bestimmte Medien ein Thema aufgreifen, folgen viele andere. Als Leitmedien gelten die Nachrichtensendungen der beiden öffentlich-rechtlichen Rundfunksysteme ARD und ZDF, der *Deutschlandfunk*, die *Frankfurter Allgemeine Zeitung*, die *Süddeutsche Zeitung*, die *Welt*, die *ZEIT*, der *SPIEGEL* und auch die Boulevardzeitung *Bild*. Sie alle versuchen, Exklusivinterviews und Exklusivinformationen zu beschaffen und werden damit von vielen anderen Medien zitiert. Im Zusammenhang mit den Nachrichtenquellen wurde bereits dargestellt, dass viele Politiker bestimmte Medieninterviews in der Erwartung geben, dass sie von möglichst vielen anderen Medien zitiert werden. Die Vermittlerrolle spielen meist die Nachrichtenagenturen.

Zum Thema Außenbeeinflussung von Medien und Journalisten gehören auch die unterschiedlichen Systeme der Privilegierung einzelner Medien beziehungsweise Journalistinnen und Journalisten. Informationen werden gezielt lanciert oder auch vorenthalten. So versuchen vor allem politische Akteure, Berichterstattung zu steuern – mit sehr unterschiedlichem Erfolg. In Ländern mit begrenzter Pressefreiheit ist solche Art der Manipulation üblich, aber auch in klassischen Demokratien gibt es die Exklusivbehandlung gefälliger Journalisten. In jüngerer Zeit hat in diesem Zusammenhang der britische Premierminister Boris Johnson von sich reden gemacht. Er soll im Februar 2020 nur ausgewählte Journalisten zu einer Pressekonferenz zugelassen haben. Nach einem handfesten Streit verließen schließlich alle

Reporter die Regierungszentrale.[39] Dass der frühere amerikanische Präsident Donald Trump nur Journalisten zu Briefings zuließ, deren Berichterstattung ihm gefiel, spielte bald keine Rolle mehr, da der Pressesaal des Weißen Hauses von diesem Zeitpunkt an praktisch immer leer war. Es gibt indes Politikerinnen und Politiker in demokratisch verfassten Ländern, die dieses Problem auf andere, das heißt auf ihre ganz spezielle Weise lösen. Viele deutsche Politiker hatten und haben sogenannte Vertrauensjournalisten oder scharen gleich ganze Gruppen um sich. Konrad Adenauer lud handverlesene Korrespondenten zu Teegesprächen und träumte von einem willfährigen *Zweiten Deutschen Fernsehen*. Ludwig Erhard hielt sich die „Brigade Erhard", einen Kreis wohlgesonnener Journalisten. Willy Brandt scharte die Fortschrittlichen auf einen Drink um sich und machte einen auf Kennedy. Helmut Schmidt verachtete die Journaille, war als barscher, qualmender Macher aber dennoch ein telegener Typ. Helmut Kohl wiederum galt als eher stoisch, als kommunikativer Phlegmatiker. Rebellische TV-Magazine und die damals progressive Hamburger Phalanx aus *SPIEGEL*, *Stern* und *ZEIT* ließ er links liegen. Doch auch er hielt sich wie bei Hofe seine Verleger, Chefredakteure und Intendanten, nutzte den Boulevard, die bunten Blätter, stützte sich auf *Bild*, *Welt*, *FAZ*, *Fokus*, die konservative Regionalpresse, den *Südwestfunk* und die Privatkanäle seines Freundes Leo Kirch."[40]

Gerhard Schröder brüstete sich öffentlich gerne mit seiner Unabhängigkeit von Parteistrukturen und Medien. Er brauche nur

39 Kahlweit, Cathrin. „Eklat um britische Pressefreiheit: Showdown in der Downing Street." *Süddeutsche Zeitung*, 05.02.2020, 7.

40 Schimmeck, Tom. *Am besten nichts Neues. Medien, Macht und Meinungsmache.* Frankfurt: Westend, 2010, 205.

„*Bild*, *BamS* und Glotze," schwadronierte er immer wieder, was ihm logischerweise die Journalisten anderer Medien verübelten. Doch Schröder hatte sich verkalkuliert:

> „Erst der arrivierte Regierungschef wurde gewahr, dass die Gunst der Meinungsmacher noch weit unberechenbarer ist als alle Unterstützung durch die eigene Partei. Als die Leitmedien im Wahlkampf 2005 nahezu geschlossen für Angela Merkel trommelten, schien der stürzende Kanzler zunächst fassungslos. Und warf sich zum tristen Schluss derart zornig in die Schlacht, dass er um ein Haar noch gewonnen hätte. Schröder verbrannte im selbst entfachten Fegefeuer der Eitelkeiten."[41]

Besonders bemerkenswert ist die Auswahl von Medienvertretern bei Bundeskanzlerin Angela Merkel. Für sie entscheidet – so wird berichtet – ihre Büroleiterin Beate Baumann, welche Journalisten Zugang zur Kanzlerin erhalten und wem dieser verweigert wird.[42]

Gleichwohl sollte man beim Thema Außenbeeinflussung den direkten Einfluss der Politik nicht überschätzen. Selbstverständlich gibt es Verbindungen zwischen Verantwortlichen in den Medien und Politikern. Es gibt Freundschaften zwischen Politikern, Verlegern und Chefredakteuren. Immer wieder wird diskutiert, die Politik nehme Einfluss auf die Personalpolitik und damit auf die Programminhalte des öffentlich-rechtlichen Rundfunks. Versuche gibt es zweifellos. In den meisten Fällen siegt jedoch bei den Betroffenen die Professionalität über die Parteizugehörigkeit. Als beim ZDF vor Jahren die in Rundfunkgesetzen und Staatsverträgen geforderte Staatsferne der Aufsichtsgremien nicht mehr gewährleistet war, entschied das Bundesverfassungsgericht, dass

41 Schimmeck. *Am besten nichts Neues*, 207.
42 Höhler, Gertrud. *Angela Merkel – Das Requiem*. Berlin: Ullstein, 2019, 301.

die Zusammensetzung der Gremien zu ändern sei.[43] Dennoch gibt es auch immer wieder Versuche direkter Einflussnahme. Politiker oder Verantwortliche in Unternehmen und anderen Institutionen melden sich in Funkhäusern und fordern eine bestimmte Art der Berichterstattung oder deren Unterlassung. Die meisten Verantwortlichen weisen derartige Ansinnen zurück. Aber es gibt natürlich unterschiedliche Reaktionen – je nach persönlicher Stärke, Unabhängigkeit und Professionalität. Dazu eine Anekdote des Fernsehjournalisten Peter Scholl-Latour aus den 1970er Jahren. Während des Vietnamkriegs hatte Scholl-Latour bereits bei der Landung der ersten US-Marines in Da Nang einen für die USA tragischen Ausgang des Krieges prophezeit.

> „Das führte zu einer Demarche des damaligen Außenministers Schröder bei meinem Sender, dem WDR, der in meiner Berichterstattung einen Verstoß gegen die atlantische Solidarität zu entdecken glaubte. Dieser Zensurvorstoß war seinerzeit am Standvermögen des Intendanten Klaus von Bismarck gescheitert. Dieser hochdekorierte ehemalige Frontoffizier befragte mich zwei Stunden lang zu den Prognosen, die sich auf meine persönlichen Erfahrungen im französischen Indochinakrieg stützten, und gab mir kurz und preußisch die Weisung ‚Machen Sie weiter!'"[44]

Ein Beispiel für Mut und Unabhängigkeit, dem bis heute die meisten, wenn auch bedauerlicherweise nicht alle Verantwortlichen folgen.

43 Bundesverfassungsgericht, Urteil des Ersten Senats vom 25.03.2014 zum ZDF-Staatsvertrag (BVerfGE 136, 9-68).

44 Scholl-Latour, Peter. *Der Fluch der bösen Tat – Das Scheitern des Westens im Orient*. Berlin: Ullstein Verlag, 2015, 18.

Das Selbstverständnis von Journalisten – Informationsvermittler, Unterhalter, Manipulatoren?

Einem Journalisten werden im Laufe seines Berufslebens vor allem zwei Haltungen entgegengebracht: Respekt bis hin zur Bewunderung einerseits und Verachtung andererseits. Manchmal vermischen sich auch beide. Respekt und Bewunderung haben dann oft mit dem Medium zu tun, für das man arbeitet. Öffentlich-rechtliche Rundfunkanstalten, überregionale Tageszeitungen und Nachrichtenmagazine stehen hier höher im Kurs als Regional- und Lokalzeitungen. Verachtung ist nicht erst seit der absurden Lügenpressediskussion ein Thema. Ein medienkritischer Kollege formulierte einmal, es gebe viele Fachidioten, Journalisten hingegen seien Idioten in allen Fächern.[45] Gewiss eine eher satirisch gemeinte Übertreibung. Natürlich ist es – insbesondere für junge Journalisten – verführerisch, den Bekanntheitsgrad, den man durch seine Arbeit erfährt, überzubewerten. Wenn einem ein prominenter Politiker bei einer zufälligen Begegnung beim Stadtbummel mit Namen begrüßt, schmeichelt dies natürlich dem Ego. In aller Regel gilt der Gruß aber weniger der eigenen Person als der Rundfunkanstalt oder der Zeitung, für die man arbeitet.

45 Teusch, Ulrich. *Lückenpresse. Das Ende des Journalismus, wie wir ihn kannten.* Frankfurt: Westend Verlag, 2016, 59.

Viele Journalisten sind abgehoben. Sie leben in einem beruflichen und privaten Umfeld, das nicht unbedingt den normalen gesellschaftlichen Strukturen entspricht. Sie berichten zwar über den Alltag der Bevölkerung, kennen ihn aber oft nicht aus eigener Anschauung. Sie genießen im Alltag durchaus Privilegien und bewegen sich an Orten, an denen sie unter sich sind. Pressekonferenzen zum Beispiel finden oft in Häusern statt, die dem Normalbürger verschlossen sind. Herkunft und Werdegang vieler Journalisten entsprechen ebenfalls nicht dem Durchschnitt:

> „Das journalistische Herkunftsmilieu in Deutschland ist seit Jahrzehnten die liberal bildungsbürgerliche Mittelschicht, also gebildet, urban, ethnisch homogen. In ihren politischen Haltungen tendieren Journalisten stärker zu linksliberalen und grünen Positionen als die Gesamtbevölkerung. Zwar ist der Anteil der Frauen im Journalismus in den vergangenen Jahrzehnten deutlich gestiegen und dürfte sich beinahe 40 % nähern. Aber die Spitzenpositionen der Ressortleiter und Chefredakteure sind immer noch überwiegend Männern vorbehalten, und dies umso stärker, je politischer das Ressort oder das Medium sich versteht. Der Anteil der journalistisch Tätigen mit Migrationshintergrund ist kaum gewachsen und entspricht längst noch nicht dem Anteil in der Gesamtbevölkerung. Zusammengefasst heißt dies, dass jene Bevölkerungsgruppen, die als Verlierer von Modernisierung, Globalisierung und in Deutschland auch der Wiedervereinigung gelten – typischerweise vor allem Menschen mit geringem Bildungsniveau – im Journalismus nicht vertreten sind. Nun ist ein hohes formales Bildungsniveau im Journalismus sicherlich begrüßenswert. Aber die starke soziographische Verankerung des Journalismus in der bildungsbürgerlichen, männlichen und weißen Mittelschicht führt zu dem Verdacht, dass es zu einer Schieflage in der Berichterstattung und zu systematischen Blindstellen kommen kann. Aufgrund der sozialen Herkunft richtet

sich der Blick eher auf bestimmte soziale Problemlagen, die dem eigenen Milieu nahestehen, sodass andere Milieus sich in der öffentlichen Wahrnehmung vernachlässigt sehen."[46]

Diese Formulierung ist zweifellos überspitzt, sie trifft jedoch den Kern des Problems. Ein Forscherteam um Tanjev Schultz hat daher 2019 die Frage untersucht: „Wer wird heute noch Journalist?" Befragt wurden in Deutschland, Schweden und Großbritannien Chefredakteurinnen und -redakteure und leitende Redakteure führender Medien sowie Verantwortliche von Journalistenschulen. Danach ist Journalist für viele junge Menschen ein „Traumjob", wenn sie auch größeren Wert auf eine ausgewogene Work-Life-Balance legen als die Generationen vor ihnen. Während es in den Metropolen nicht an Nachwuchs mangelt, leiden Regional- und Lokalmedien außerhalb der Großstädte stark unter dem Mangel an geeignetem Nachwuchs. Umgekehrt fehlen den großen Redaktionen in den Städten Journalistinnen und Journalisten, die vom Land stammen und die Landbevölkerung verstehen ebenso wie Menschen, die aus ärmeren Familien stammen und die Perspektiven sozial Benachteiligter nachvollziehen können.[47]

Allein diesen wenigen Ergebnissen lässt sich entnehmen, in welchen sozialen Strukturen Journalisten denken und leben. Die Gefahr, abgehoben und über die Köpfe der Mediennutzer hinweg zu berichten, ist folglich groß. Man bewegt sich in bestimmten,

---

46 Neverla, Irene. „‚Lügenpresse' – Ein Begriff ohne jede Vernunft? Eine alte Kampfvokabel in der digitalen Mediengesellschaft." In: Lilienthal, Volker; Neverla, Irene (Hrsg.). *Lügenpresse. Anatomie eines politischen Kampfbegriffs*. Köln: Kiepenheuer & Witsch, 2017, 18–44, hier 33.

47 Borchardt, Alexandra; Lück, Julia; Kieslich, Sabine; Schultz, Tanjev; Simon, Felix M. *Are Journalists Today's Coal Miners? The Struggle for Talent and Diversity in Modern Newsrooms –A Study on Journalists in Germany, Sweden, and the United Kingdom*. Telekom Stiftung, Reuters Institute, University of Oxford, Journalistisches Seminar der Johannes Gutenberg Universität Mainz, 2019.

geschlossenen Kreisen von Politik und Wirtschaft. Dass dies Sichtweisen und damit die Informationsauswahl beeinflusst, ist naheliegend, denn auch die Themenauswahl von Journalistinnen und Journalisten erfolgt – bewusst oder unbewusst – mit Blick auf die vertrauten Milieus. Die Sprache gerät leicht zur Insidersprache, in der man sich im eigenen Umfeld versteht, deren Verständnis dem „normalen" Adressaten aber nur schwer möglich ist. Allgemeinplätze aus Politikeräußerungen werden oft kritiklos übernommen, Hintergrunderläuterungen und die Erklärung von Zusammenhängen unterbleiben und der Weg in die uninformierte Gesellschaft wird einmal mehr bereitet. Die geradezu hilflos anmutenden Versuche öffentlich-rechtlicher Rundfunkanstalten und einiger Onlinemedien mit Nachrichten in „einfacher Sprache" das Verstehen der Informationen zu erleichtern, sind untaugliche Mittel. Zum einen kommen diese Angebote von Medien, deren Publikum eher zu den gebildeten Milieus gehört. Zum anderen darf man bezweifeln, dass statt „Frankreich" zu sagen „das Land Frankreich" oder statt des Genitivs „des Landes" falsch zu formulieren „von dem Land" Nachrichten wirklich verständlicher macht. Diese Versuche drängen den Verdacht auf, man benötige Alibis für die politische Diskussion. Gelegentlich hat man den Eindruck, es handele sich um Realsatire. Viel wichtiger wäre es, die sich leider häufenden sachlichen Fehler in Nachrichtensendungen zu vermeiden.

Zum Selbstverständnis vieler Journalisten gehört auch die Ansicht, die Medien seien die vierte Gewalt im Staat – in einer Reihe also mit den klassischen drei Gewalten Legislative, Exekutive und Judikative. Das wird oft leicht dahingesagt – auch von Politikern. Aber auch hier sind Zweifel angebracht. Es ist schon vermessen, Medien mit den drei demokratisch bestimmten und institutionell kontrollierten Gewalten auf eine Ebene zu stellen. Rechtsgrundlagen für die Medien sind basierend auf Artikel 5 Grundgesetz, also der Garantie der Pressefreiheit, verschiedene Landesgesetze, Staatsverträge und Landesrundfunkgesetze. Von parlamentarischer Legitimation kann also keine Rede sein. Ich bin weit davon entfernt, die Rolle der Medien in einer Demokratie zu unterschätzen, aber die vierte Gewalt im Staate sind sie nicht, auch wenn der Begriff bereits seit dem 18. Jahrhundert gebraucht wird. Auch der Kommunikationswissenschaftler Heinz Pürer spricht anstelle von „vierter Gewalt" von der „öffentlichen Aufgabe" der Medien:

> „Weder ist in den westlichen Demokratien ein Verfassungsauftrag im Sinne einer vierten Gewalt festgeschrieben, noch verfügt die Mehrzahl der Journalisten über die erforderliche Kompetenz, einen solchen Auftrag funktionsgerecht auszufüllen. In einer Zeit, in der zudem in zahlreichen Medienunternehmen der ökonomische Erfolg die journalistische Ethik diktiert, erscheint der Gedanke von den Medien als vierte Gewalt mehr als fragwürdig (wenn nicht sogar verwerflich). Hinzu kommt eine unübersehbare Tendenz zahlreicher Medien zur Skandalisierung, von der wir nicht genau wissen, ob sie der Demokratie förderlich oder abträglich ist (Stichwort Politikverdrossenheit). Wesentlich zutreffender, weil demokratietheoretisch begründet, halte ich das Paradigma von der ‚öffentlichen Aufgabe', die Journalismus und Massenmedien für die Gesellschaft erfüllen. Es ist nämlich unbestritten, dass Presse und Rundfunk als Träger der öffentlichen Meinung fungieren und damit unverzichtbare Aufgaben für die Gesellschaft wahrnehmen."[48]

Journalistinnen und Journalisten berufen sich gern auf unser Grundgesetz. Die Ereignisse der letzten Jahre weltweit zeigen,

48 Pürer, Heinz. „Medien und Journalismus zwischen Macht und Verantwortung." *medienimpulse* 64 (2008): 10–16.

dass die Verfassung der Bundesrepublik Deutschland eine der besten Verfassungen der Welt ist, vom parlamentarischen Rat 1948 in kürzester Zeit geschaffen und bis heute Grundlage einer stabilen Demokratie. Die Väter und Mütter des Grundgesetzes haben – zum Glück – für wichtige Grundsätze gleich auch die Grenzen aufgezeigt. Dies gilt auch für den Artikel 5, der die Meinungs- und die Pressefreiheit garantiert. Dieser Artikel hat auch einen Absatz 2, der von übereifrigen Medienleuten gern übersehen wird: „Diese Rechte finden ihre Schranken in den Vorschriften der allgemeinen Gesetze…" Gesetzesbrüche, beispielsweise die Verletzung von Strafrechtsnormen, sind also auch Journalisten nicht erlaubt. Zurück zum Thema vierte Gewalt. Der Kommunikationsfachmann Stefan Wegner hat diese Selbstüberschätzung vieler Medienleute auf den Punkt gebracht:

> „Die Medien müssen von ihrem hohen Ross runter. Das jahrzehntelange Mantra der vierten Gewalt hat bei vielen Journalisten den Eindruck erweckt, man habe den gleichen Status wie der Bundespräsident, insbesondere bei den Öffentlich-rechtlichen. Also kommt auf den Boden, macht euch die Hände schmutzig, habt eine Meinung und streitet euch. Seid weniger empfindlich, aber dafür leidenschaftlicher."[49]

Viele Journalisten verstehen sich als Anwälte von Menschen, die sie als vernachlässigt wahrnehmen, die sich benachteiligt fühlen, die von der Gesellschaft missachtet oder zurückgelassen werden. Diese Haltung ist aller Ehren wert und verdient Respekt. Wenn sie sich allerdings in der Berichterstattung spiegelt, sind ernste

---

49 Wegner, Stefan. „Ich liebe die Lügenpresse." In: Welzer, Harald; Carius, Alexander et al. *Die offene Gesellschaft und ihre Freunde*. Frankfurt: S. Fischer, 2016, 64–71, hier 67.

Zweifel geboten. In Kommentaren für bestimmte Gruppen einzutreten, ist legitim und wünschenswert. In der Berichterstattung diesen Menschen eine Stimme zu geben, ebenfalls. Wenn aber Skeptiker und Vertreter anderer Positionen zu diesem Thema kaum oder gar nicht zu Wort kommen, ist das Manipulation. In der Flüchtlingskrise 2015/2016 haben sich viele Journalisten als Anwälte der Geflüchteten und der Regierungspolitik verstanden und sehr meinungsorientiert berichtet. Dass sie ihrer an sich guten Sache aber eher geschadet haben, weil sie Andersdenkende indirekt und sicherlich ungewollt unterstützt haben, war ihnen offenbar nicht klar. Die Medienberichterstattung hat natürlich damals die Stimmung in der Öffentlichkeit massiv beeinflusst, im Positiven wie im Negativen:

> „Viele Leute hatten den Eindruck, sie dürften über solche Sorgen nicht offen sprechen und mussten gleichzeitig feststellen, dass ihre Gedanken von den Medien überhaupt nicht nachvollzogen oder repräsentiert wurden. Einige wandten sich darum von den klassischen Medien ab, manch einer rief vielleicht auch in diesem Zusammenhang ‚Lügenpresse'."[50]

Burkhard Müller-Ullrich, kritischer und selbstkritischer Journalist, bemerkt grundsätzlich zum überzogenen Präsentieren journalistischer Meinungen:

> „Gesinnungsjournalisten verstehen sich als Vorkämpfer des Guten in einer bösen Welt. Deshalb stoßen sie beständig Warnungen vor angeblich drohenden Missständen oder Katastrophen aus. Warnen heißt, eine Befürchtung programmieren. Eine Befürchtung hat

50 Kuhla, Karoline. *Fake News*. Hamburg: Carlsen, 2017, 35.

> etwas nicht Bewiesenes zum Inhalt. Befürchtungen sind insofern das Gegenteil von Nachrichten.“[51]

Hinter der mehr oder weniger versteckten Meinung mag sich ja durchaus auch eine gute Absicht verbergen: Aber der Wille zum Guten ersetzt leider oft die notwendige professionelle Distanz, die Moral ersetzt die Recherche und die Meinung ersetzt die Analyse. Meinung wird auch durch Weglassen von Informationen transportiert. Auch hier zeigt sich oft, dass „gut gemeint“ das Gegenteil von „gut“ sein kann.

Vermittlung, Kritik und Kontrolle gelten als die wesentlichen Funktionen des Journalismus. Wichtig ist, wie hier die Gewichte verteilt sind. Zwischen Ländern und deren Mediensystemen gibt es wesentliche Unterschiede – auch in westlichen Demokratien. In den angelsächsischen Ländern Großbritannien, Kanada und USA gilt die Vermittlung von Informationen als die wichtigste Funktion, in Frankreich werden Information und Meinung oft vermischt und Deutschland zeigt eine interessante Entwicklung von der Zeit nach dem zweiten Weltkrieg bis heute: Zunächst wurde das angelsächsische Modell der strikten Trennung von Information und Meinung übernommen. Bei den nach britischem Vorbild geschaffenen öffentlich-rechtlichen Rundfunkanstalten wurde dieser Grundsatz sogar in Landesrundfunkgesetzen und Staatsverträgen festgeschrieben. Die Zeitungen folgten dem in Form einer Selbstverpflichtung. Mittlerweile ist dieses Prinzip bedauerlicherweise stark verwässert – sogar im öffentlich-rechtlichen Rundfunk. Genau genommen wird dort in solchen Fällen sogar gegen geltendes Recht verstoßen.

---

51 Müller-Ullrich, Burkhard. *Medienmärchen. Gesinnungstäter im Journalismus.* München: Karl Blessing Verlag, 1996, 19.

Der Journalismus bei uns geht, und hier ist die Wurzel manchen Übels zu sehen, fälschlicherweise davon aus, dass Meinung profiliert, reine Berichterstattung hingegen nicht. Dies bedeutet, dass Journalisten, die kommentieren oder als Moderatoren ihre Meinung verbreiten, in der Öffentlichkeit vermutlich ein höheres Ansehen genießen als solche, die sich als Berichterstatter um die bloße Vermittlung von Fakten bemühen. Untersuchungen kommen zu dem auch in der Praxis immer wieder bestätigten Schluss, dass bei nicht wenigen deutschen Journalisten deshalb an erster Stelle die Kritik und das Aufdecken von Missständen stehen, während die englischen Journalisten es als ihre Hauptaufgabe ansehen, zu informieren. Es soll hier keineswegs bestritten werden, dass die Kontrolle des gesellschaftlichen Lebens durch die Medien notwendig ist, nur darf diese Kontrolle – zumindest in den öffentlich-rechtlich verfassten Medien – nicht zur Systemkritik an sich werden. Es ist übrigens leicht, zu einem Ereignis – etwa einem Parteitag – die eigene Meinung zu formulieren. Viel schwerer und anspruchsvoller ist es dagegen, kontinuierlich korrekt darüber zu berichten. Vielleicht ist auch dies ein Grund für die Vorliebe vieler Journalisten für den Kommentar.

Wenn es um die politische Haltung von Journalisten geht, ist die Diskussion oft von dem Vorurteil geprägt, dass Journalistinnen und Journalisten generell eher links orientiert seien oder dem linksgrünen Lager nahe stünden. Dies wurde oben bereits erwähnt. Betrachtet man die deutsche Medienszene insgesamt, dann fällt es jedoch schwer, diese Haltung bestätigt zu finden. Wollte man überhaupt politische Zuordnungen treffen, dann ergäbe sich vermutlich ein eher konservativ-liberales Bild. Die verbreitete Meinung von „linken Journalisten" beruht vermutlich darauf, dass Journalisten dem Politik- und Wirtschaftsestablishment gegenüber kritisch eingestellt sind. Das ist Teil ihrer Funktion. Aber ein Journalist, der eine konservative Regierung wegen ihrer Entscheidungen kritisiert, ist deshalb nicht automatisch links.

Gern wird auch behauptet, vor 20 oder 30 Jahren hätte es im Journalismus parteipolitische Loyalitäten gegeben, Politiker hätten ihre „Hofschreiber“ gehabt. Selbstverständlich gab es solche Fälle und war deshalb auch hier schon Thema. Und: Journalisten sind heute nicht so viel kritischer, dass es dies nicht mehr gäbe. Doch waren und sind dies Einzelfälle, die natürlich kritikwürdig sind. Es ist auch kein Geheimnis, dass Zeitungen gewisse politische Gesamtlinien vertreten – zum Glück, denn diesem Umstand verdanken wir die in Deutschland immer noch beachtliche Presse- und damit Meinungsvielfalt.

Auch Journalisten dürfen sich politisch engagieren. Für sie gelten die Privilegien des Grundgesetzes selbstverständlich auch. Dennoch wäre es besser, sie wären parteipolitisch neutral. In verschiedenen Führungspositionen im öffentlich-rechtlichen Rundfunk habe ich die Beobachtung gemacht, dass in meinem jeweiligen Verantwortungsbereich gelegentlich, allerdings nicht sehr oft, Journalisten arbeiteten, die einer politischen Partei angehörten. Wenn ich dann – was selten geschah – tatsächlich einmal politische Ausgewogenheit anmahnen musste, dann nicht etwa, weil der Betreffende seine eigene Partei bevorzugt hatte. Im Gegenteil, er musste darauf hingewiesen werden, dass er sie aus Sorge vor Kritik wegen fehlender Unparteilichkeit nicht benachteiligte. Politisches Engagement und politische Überzeugungen laufen immer Gefahr, sich in der Arbeit von Journalistinnen und Journalisten niederzuschlagen.

Über journalistisches Selbstverständnis wurde auch intensiv und kontrovers im Zusammenhang mit der Betrugsaffäre um den

Reporter Claas Relotius im Jahr 2018 diskutiert. Die Reportagen des *SPIEGEL*-Mitarbeiters Relotius waren teilweise frei erfunden; der *SPIEGEL* zog die Konsequenzen, entließ den Mitarbeiter und legte den Fall im Detail offen. Problematisch war allerdings die dann folgende Diskussion in der Medienszene und auch in der Kommunikationswissenschaft. Es wurde allen Ernstes die Frage gestellt und erörtert, wieviel Fiktion eine Reportage enthalten dürfe. Die Antwort darf nur lauten: „Gar keine!“ Wer Fiktion sucht, liest einen Roman oder geht ins Kino oder ins Theater. Die Reportage ist eine journalistische Form, die tatsachenbasiert und tatsachenorientiert ist. Von der Reportage erwartet man Informationen. Sie darf emotionale Komponenten haben. Das unterscheidet sie von der Nachricht und vom klassischen Bericht. Fiktion gehört aber nicht in eine Reportage – das wäre Desinformation und Irreführung.

Zum Selbstverständnis von Journalisten gehört auch das Verständnis von ihrer Profession generell. „Journalist“ ist in Deutschland ein Beruf mit freiem Zugang. Es gibt weder eine rechtlich verbindliche Definition noch festgeschriebene Zugangsvoraussetzungen. Die Journalistenverbände definieren zwar die Voraussetzungen für die Mitgliedschaft – in den zurückliegenden Jahren durchaus enger. Aber man kann auch Journalist sein, ohne Mitglied in einem Journalistenverband zu sein. Allerdings gibt es in den Medienhäusern, ob privatwirtschaftlich organisiert oder öffentlich-rechtlich, rechtlich klare Voraussetzungen für eine Festanstellung als Journalist oder eine regelmäßige freie Mitarbeit. Voraussetzungen sind heute ein abgeschlossenes Hochschulstudium und ein Volontariat. Das Absolvieren einiger Journalistenschulen „erspart“ den Bewerbern oft das Volontariat. Der Zugang zum Beruf bleibt in begründeten Ausnahmefällen auch ohne die genannten formalen Voraussetzungen möglich. Alles in allem haben also Journalisten heute eine fundierte Ausbildung.

Über eine Zulassung oder eine Zertifizierung für Journalisten wird immer wieder diskutiert. Die Diskussion wird meist von Politikern angestoßen, die sich über Journalisten ärgern. In einer demokratisch verfassten Gesellschaft ist eine offizielle Zertifizierung oder Zulassung aber unrealistisch. Wer sollte sie erteilen? Der Staat? Dies widerspräche dem Grundsatz der Unabhängigkeit der Medien. Journalisten- oder Verlegerverbände? Dann würden Interessenorganisationen über den Zugang zu einem Beruf entscheiden, dessen Grundlage gerade die Unabhängigkeit ist. Bleiben also nur die Medienhäuser, die individuell entscheiden, wen sie akzeptieren. Dies bedeutet zugleich, dass es hier keine Einheitlichkeit geben kann.

Aus dem Gefühl der Freiheit, aber auch der Unklarheit über handwerkliche Grundsätze erwächst bei manchen Journalisten eine Abneigung gegen professionelle Kritik an ihrer Arbeit:

> „In den Massenmedien selbst sind viele Kritiker tätig: Literaturkritiker, Filmkritiker, Kunstkritiker, Architekturkritiker und manches mehr [...]. Auch die Meinungsseiten der Politikteile – aber keineswegs nur sie – sind voller Kritik insbesondere an den Akteuren des politischen Lebens, an ihrem Tun und ihrem Lassen. Ja, es gibt sogar Medienseiten, auf denen Programme, Sendungen, einzelne Beiträge – also sehr wohl auch die Produkte von Kollegen – schonungslos angegangen werden, wenngleich in der Regel über die medialen Gattungsgrenzen hinweg. Eine Kritik des politischen Journalismus als System und Kultur findet sich jedoch selten.“[52]

Hans Mathias Kepplinger hat das Thema „Kollegenkritik“ vielfach untersucht und stellt fest, dass sie im Journalismus eine

52 Meyer, Thomas. *Die Unbelangbaren. Wie politische Journalisten mitregieren*. Berlin: Suhrkamp, 2015, 34.

Ausnahme ist. Er weist insbesondere auf den Unterschied zur Wissenschaft hin, wo die gegenseitige Kritik etablierter Teil des Arbeits- und Erkenntnisprozesses ist. Einen der Hauptgründe für diesen Unterschied sieht er in der Angst, Kollegenkritik könne sich auf die Karriere sowohl des Kritikers als auch des Kritisierten auswirken:

> „Dies trifft vermutlich auf Journalisten eher zu als auf Wissenschaftler, weil in der Wissenschaft sachliche Kritik an Fehlern von Kollegen hohes Ansehen genießt und oft die eigene Karriere fördert, während sie im Journalismus kein großes Ansehen besitzt und eher die eigene Karriere gefährdet. Das dürfte ein Grund dafür sein, dass im Journalismus ein neues Berufsbild entstanden ist: das der Medienjournalisten. Sie verstehen sich als fachliche Kritiker des Journalismus, die den Mangel an Kollegenkritik im Journalismus kompensieren und dabei auf erhebliche Probleme innerhalb der Medien stoßen."[53]

Medienkritik gibt es seit einiger Zeit vor allem in einigen überregionalen Qualitätszeitungen. Allzu oft versteht sie sich allerdings als Rezension von Fernseh- und Radioprogrammen oder aber es geht um Medienpolitik. Journalismuskritik ist auch hier eher selten. Eine solche kann aber, wenn sie fair, sachlich und konstruktiv ist, zur Qualitätsverbesserung und damit zu größerer Informiertheit des Publikums beitragen.

Die Reaktionen der Mediennutzer – das zeigen die Gespräche mit zahlreichen Kollegen – dokumentieren ein offensichtliches Unbehagen gegenüber der aktuellen Berichterstattung, das sich hauptsächlich an zwei Phänomenen festmacht, die bereits beschrieben wurden: Zum einen geht es darum, dass viele Medien

53 Kepplinger, Hans Mathias. *Journalismus als Beruf.* Wiesbaden: Verlag für Sozialwissenschaften, 2011, 206.

die Public Relations-Produkte von Politik und Wirtschaft zu unkritisch weitergeben. Zum anderen geht es darum, dass sich viele Journalisten der Politik- und Wirtschaftselite zugehörig fühlen und bei ihrer Arbeit ihre Adressaten aus dem Auge verlieren:

> „Trotz ‚Liebe Leser-Briefe', Korrekturspalten und Ombudsmann zeigen viele Redaktionen erstaunlich große Widerstände, wenn sie Fehlleistungen offenlegen sollen. Wir reden hier nicht über die Berichtigung eines vertippten Namens oder eines Datums. Wir meinen die tiefergehenden Fehlhaltungen. Sie verweisen auf das Selbstverständnis der Informationsjournalisten: In vielen Redaktionen scheint das eigene Rollenverständnis sehr weit weg von dem, was das Publikum wünscht und erwartet. Und auch von dem, was das Bundesverfassungsgericht vor einem halben Jahrhundert im Auge hatte, als es Kritik und Kontrolle nannte, Funktionen, die zur öffentlichen Aufgabe des Journalismus zählen."[54]

In den letzten Jahren haben sich zusätzlich zum klassischen Journalismusverständnis westlicher Demokratien neue Betrachtungsweisen entwickelt. In ihrem Buch *Blur* haben die beiden renommierten US-amerikanischen Medienwissenschaftler Bill Kovach und Tom Rosenstiel diese Veränderungen herausgearbeitet. Zusätzlich zum klassischen Modell des „Journalism of Verification" (dessen höchste Werte Sorgfalt und Kontext sind) haben sich drei weitere entwickelt:

1. „Journalism of Assertion" (Journalismus der Behauptungen). Höchste Werte sind die Unmittelbarkeit, die Direktheit und die möglichst permanente Lieferung von Informationen.

54 Haller, Michael. „Transparenz schafft Vertrauen. Folgerungen aus der Fehlentwicklung des Journalismus." In: Lilienthal, Volker; Neverla, Irene (Hrsg.). *Lügenpresse. Anatomie eines politischen Kampfbegriffs.* Köln: Kiepenheuer & Witsch, 2017, 228–247, hier 239.

2. „Journalism of Affirmation“ (Journalismus der Bekräftigung und Bestätigung). Es geht nicht um Korrektheit, Vollständigkeit und Überprüfung, sondern um die Bestätigung der Meinung der Adressaten.
3. „Interest-Group-Journalism“ (interessengesteuerter Journalismus). Von Interessengruppen und nicht von Medienorganisationen finanzierte Onlinepublikationen sollen wie von professionellen Journalisten gestaltete Nachrichten aussehen.[55]

Es besteht, betrachtet man die aktuellen Entwicklungen, die Gefahr, dass sich diese Ebenen vermischen. Hier müssen und können sich die Journalisten klassischer Qualitätsmedien von den Akteuren unseriöser Medien unterscheiden. Die langjährige Chefredakteurin der *Frankfurter Rundschau*, Bascha Mika brachte die Problematik des „journalistischen Selbstverständnisses“ in einem Interview mit der *Frankfurter Allgemeinen Zeitung* auf den Punkt:

> „Was mich schon seit Jahren nervt, ist und bleibt unsere Kurzatmigkeit. Ein Verständnis von Schnelligkeit, nachdem sie als selbstverständlich genommen wird und zum Selbstzweck verkommen ist. Sie führt auch bei den seriösesten Medien dazu, dass dort Dinge erscheinen, die besser nie gedruckt worden wären. Und dass uns häufiger grobe Fehler unterlaufen. Darunter leiden alle, denen daran gelegen ist, verantwortungsvollen Journalismus zu betreiben [...] Außerdem muss man auch klar zwischen Haltung und Ideologie unterscheiden. Der ideologische Korridor führt zur Verengung des Denkens. Ideologie macht blind, das hat in unserer Arbeit nichts zu suchen.“[56]

55 Kovach, Bill; Rosenstiel, Tom. *Blur – How to know what's true in the Age of Information Overload.* New York: Bloomsbury, 2010, 36 ff.

56 Weidemann, Axel. „Mach es mit Herz, oder lass es! Bascha Mika verlässt die FR.“ *Frankfurter Allgemeine Zeitung*, 31.03.2020, 13.

Das Interview als Verhör – Beitrag zur Desinformation?

Die Mängel in Bezug auf politische Einseitigkeit, verbissenen Dogmatismus, überzogene Eitelkeit und professionelles Unvermögen zeigen sich nahezu gebündelt beim Thema Interview. Da Zeitungs- und Zeitschrifteninterviews in der Regel vom Gesprächspartner autorisiert werden, sodass es dort kaum Probleme gibt, geht es hier vor allem um Interviews in Radio und Fernsehen. In Interviews in Radio und Fernsehen kann man aber leider nahezu täglich professionelle Defizite, unerlaubten Meinungsjournalismus und – für das Publikum am wichtigsten – fehlenden Informationsgewinn beobachten.

„Never forget, who the star of the interview is!"[57] Der amerikanische Journalismusdozent John Brady benennt mit dieser Empfehlung ein zentrales Problem des Interviews als journalistische Darstellungsform – auch und vor allem in Deutschland. Das Interview als wichtigste Dialogform ist nämlich ungeeignet für journalistische Selbstdarstellung. Es geht ausschließlich um die Gewinnung von Informationen aus einer authentischen Quelle. Dabei kann es um Sachinformationen zu einem Thema gehen, um die Meinung des Interviewten oder um Informationen zur Person des Gesprächspartners. Der Interviewer ist Vermittler, der durch Fragen Informationen gewinnt, der diese aber weder selbst gibt

---

57 Brady, John. *The Craft of Interviewing*. New York: Vintage Books, 1977, 58.

noch bewertet. Umso bedauerlicher ist es, dass viele journalistische Interviews oftmals elementare Grundsätze des Handwerks vermissen lassen, stattdessen aber zu Formen der Manipulation, der Meinungsmache und der journalistischen Selbstdarstellung verkommen. Diese sind vom ursprünglichen Ziel dieser journalistischen Darstellungsform weit entfernt. Der US-amerikanische Medienforscher Neil Postman, stets konstruktiver Kritiker der Medien und des Journalismus, empfahl recherchierenden und interviewenden Journalisten: „Erkenntnis bedeutet nicht, dass man die richtigen Antworten hat. Erkenntnis heißt nur, dass man die richtigen Fragen stellt."[58]

Es ist erstaunlich, dass viele Interviewer ihre Rolle nicht als Fragesteller verstehen, sondern als Kommentatoren und oft sogar als Ankläger. Intelligente und kritische Fragen zu stellen und zuzuhören generiert Informationen. Ein falsches Rollenverständnis blockiert diese jedoch. Es wird nachfolgend von den Handwerksregeln für Interviewer die Rede sein. Diese zu beherrschen ist in Zeiten hochprofessioneller Public Relations-Aktivitäten, in denen Politiker und Manager systematisch auf Interviewsituationen vorbereitet werden, wichtiger als je zuvor. Wegen fehlender Professionalität oder aus falschem Verständnis der Funktion eines journalistischen Interviews schwanken Interviewer oft zwischen den Extremen „Mikrofonhalter" und „Stichwortgeber" einerseits sowie „Gegnerschaft" und „Kommentator" andererseits. Medien sind aber weder Werbeplattform noch Ersatzparlament oder gar Ersatzgericht.

Von einem problematischen Verständnis der Rolle eines Interviews zeugen auch häufig Interviews, in denen Journalisten ihre

58 Postman, Neil. *Die zweite Aufklärung. Vom achtzehnten ins einundzwanzigste Jahrhundert*. Berlin: Berlin Verlag, 2007, 123.

Interviewpartner, etwa wenn ein Politiker nicht die gewünschten Antworten gibt, mit Aussagen anderer Politiker konfrontieren, quasi um sie zu „überführen". Sie übersehen, dass diese oft aggressiv vorgetragenen Anklageversuche meist nur dem Interviewten und nicht dem Interviewer Punkte bringen. Zahlreiche Interviews mit Vertretern der AfD zeigen immer wieder, wie Journalisten mit dem Versuch, diese Partei um jeden Preis schlecht aussehen zu lassen, eher das Gegenteil bewirken. Beifall von Kollegen und politischen Freunden ersetzt aber nicht mangelnde Professionalität. „Dem hast du es aber mal richtig gegeben" im Kantinengespräch oder das Lob eines ähnlich denkenden Kollegen in einer Zeitung zeugen nicht von kritischem Qualitätsjournalismus, sondern von einem falschen Berufsverständnis – stets auf Kosten des Publikums.

„Als Interviewer nehme ich die Gegenposition ein" – so versuchen viele Journalisten ihr aggressives Verhalten zu rechtfertigen. Nein, man ist ein Dienstleister für Hörer und Zuschauerinnen, für ein Publikum, das sich aus Personen mit unterschiedlichen Positionen und Meinungen zum jeweiligen Thema zusammensetzt. Dies bedeutet, dass man stellvertretend für dieses Publikum Fragen stellt. Ein Interview-Profi bezieht nicht die Gegenposition, sondern er konfrontiert den Interviewpartner mit anderen Positionen zum Thema – in Frageform. Journalisten führen in einer Radio- oder Fernsehsendung oft mehrere Interviews. Wird stets die gleiche Position vertreten, entsteht der Eindruck der Parteilichkeit. Für Interviewer sollte ein Grundsatz gelten, den der langjährige Moderator der ARD-Tagesthemen, Hanns Joachim Friedrichs, immer wieder vertreten hat, in Diskussionen, Seminaren und Sendungen: „Ein Journalist sollte sich niemals mit einer Sache gemein machen – auch nicht mit einer guten." Der Journalist und *heute journal*-Moderator Claus Kleber sagte einmal, nachdem er wegen eines unprofessionell mit einer bekannten Schauspielerin geführten Interviews öffentlich kritisiert worden war, allen Ernstes: Er sei „in der Tat nicht auf Augenhöhe" mit seiner Interviewpartnerin gewesen und sie habe „die Runde gewonnen."[59] Selbstverständlich bereitet sich ein Interviewer auf ein Gespräch vor. Aber bringt ihn dies auf Augenhöhe mit dem Interviewpartner? Fünf Interviews in einer Sendung – fünfmal auf Augenhöhe mit Fachleuten? Dies wäre wohl eine bemerkenswerte Selbstüberschätzung und kann nur schiefgehen. Die Folgen sind aggressive Unterstellungen und unzulässige Kommentare. Der amerikanische Journalismusdozent Lawrence Grobel schreibt in diesem Zusammenhang sehr zutreffend:

> „Man erwartet von Ihnen als Journalist doch nicht, dass Sie von dem Thema ebenso viel wissen wie der Interviewpartner. Wenn das so wäre, brauchten Sie doch kein Interview zu führen."[60]

Es geht – wie gesagt – um die Gewinnung authentischer Informationen und nicht um die Selbstdarstellung von Journalisten. Auch hier sei noch einmal an die Formulierung von Neil Postman erinnert: „Erkenntnis bedeutet nicht, dass man die richtigen Antworten hat. Erkenntnis heißt nur, dass man die richtigen Fragen stellt."[61]

Interviewen ist ein wesentlicher Teil des journalistischen Handwerks. Umso erstaunlicher ist, wie oft selbst einfache Handwerksregeln nicht beherrscht werden. Radio- und Fernsehjournalisten lernen normalerweise bereits in ihrer Ausbildung, dass einer der

---

59 Köster, Bettina. „‚Ich war in der Tat nicht auf Augenhöhe mit Frau Furtwängler.' Claus Kleber und die ‚Saure Gurke'." Interview in der Sendung „@mediasres – das Medienmagazin" im *Deutschlandfunk*, 20.12.2017.

60 Grobel, Lawrence. *The Art of the Interview. Lessons from a Master of the Craft.* New York: Three Rivers Press, 2004, 132. Meine Übersetzung.

61 Postman. *Die zweite Aufklärung*, 123.

schwerwiegendsten Fehler ist, „durcheinander" zu reden. Sprechen zwei Menschen gleichzeitig, wird keiner verstanden, da Mikrofone im Unterschied zum menschlichen Ohr nicht selektiv hören. Es entsteht also Stimmengewirr. Viele in ihrem Selbstverständnis besonders kritische Journalisten versuchen, den Gesprächspartner durch Dazwischenreden zu unterbrechen – zum Nachteil für die Hörer, die nämlich gar nichts verstehen. Für das Unterbrechen gibt es allerdings professionelle Methoden – man muss sie nur kennen oder lernen.

Zur professionellen Interviewführung gehört auch das Zuhören. „Silence is golden as an interviewing technique"[62] empfiehlt John Brady in seinem Lehrbuch. Zuhören, eine Antwort auch einmal stehenlassen. Dem Interviewpartner Gelegenheit geben, nachzudenken und sich eine Antwort zu überlegen – dies alles fällt Journalisten oft schwer, geht aber naturgemäß auf Kosten der Information. Radio- und Fernsehjournalisten in England, in den USA und in Kanada führen sehr kritische Interviews, die in der Regel einen beträchtlichen Informationsgewinn bringen. Die Interviewer halten sich aber gleichwohl an die Grundregeln von Neutralität, Distanz und Verzicht auf die Präsentation der eigenen Meinung. Unterstellungen und Werturteile, insbesondere das Nachkommentieren von Antworten, sind tabu. Man versteht sich in erster Linie als Vermittler von Informationen – auch von unangenehmen Informationen auf der Basis gründlicher Recherche. Hintergrund und Einordnung gelten dort, im Unterschied zu Deutschland, mehr als der Kommentar oder der in Mode gekommene Begriff „Einschätzung" zum Kaschieren von Meinungen und damit der Umgehung des Trennungsgebots

62 Brady. *Craft of Interviewing*, 83. Meine Übersetzung.

zwischen Nachricht und Meinung. Die Interviewregeln der BBC sind in diesem Punkt sehr klar:

> „BBC-Interviews sollen stilvoll und höflich sein. Sie können fordernd, kritisch, skeptisch, informiert und auf den Punkt gebracht sein – aber nicht parteiisch, unhöflich und emotional einer Seite der Argumentation zugewandt. Den Interviewpartnern soll eine faire Chance gegeben werden, ihre komplette Antwort auf die Fragen darzulegen [...] Interviews dürfen herausfordernd sein, aber nicht aggressiv, einschüchternd oder barsch – selbst, wenn man sich provoziert fühlt. In einem gut geführten Interview betrachten die Hörer und Zuschauer den Interviewer als jemanden, der in ihrem Auftrag arbeitet.“[63]

Auffallend bei diesen verbindlichen Regeln ist der hohe Stellenwert des Stils, mit dem Interviewer Gesprächspartnern begegnen. Kritisch sein und kritisch fragen heißt eben nicht, sich unhöflich und aggressiv zu verhalten. Ein wirklich kritischer Journalist wird immer sachlich bleiben. Wie unkritisch viele jedoch sind, kann man leicht an den fehlenden Nachfragen erkennen. Steif von der Karteikarte oder vom Teleprompter abgelesene Fragen, eine nach der anderen, während der Antwort bereits den Blick auf die nächste notierte Frage gerichtet, kein aufmerksames Zuhören – wie sollen so kritische Nachfragen zum Thema entstehen? Stattdessen oft aggressives Wiederholen ein und derselben Frage im Ton eines Inquisitors. Dabei weiß der erfahrene Interviewer, dass eine Frage, die nach einmaligem Nachfragen nicht beantwortet wird, auch beim fünften Anlauf unbeantwortet bleibt. Journalisten haben zwar das Recht, Fragen zu stellen. Interviewpartner haben aber ihrerseits das Recht, nicht zu antworten oder Antworten zu geben,

63 British Broadcasting Corporation (BBC). *Producer's Guidelines – The BBC-Values and Standards.* 4. Auflage, o. J., 117. Meine Übersetzung.

die den Interviewer nicht zufriedenstellten ihn nicht in seiner vorgefassten Meinung bestätigen oder ihm nicht gefallen.

Die wichtige journalistische Darstellungsform Interview dient – wie gesagt – der Gewinnung authentischer Informationen. Sie dient nicht der Anklage oder der Überführung von „Tätern". In diesem Sinne schlechte Interviews bringen Medienhäuser, aber auch den Journalismus insgesamt in Misskredit.

Bessere Interviews könnten eine wichtige Rolle in einem zukunftsorientierten Journalismus wahrnehmen, nämlich die Funktion der Einordnung von Fakten und der Erläuterung von Hintergründen. Diese Informationen gewinnt man durch professionelles Fragen. Es kommt aber noch ein von vielen Journalisten unterschätzter Faktor hinzu: Das Vertrauen des Interviewpartners. Man kann leicht im täglichen Umgang mit Menschen feststellen, dass man von Personen, deren Vertrauen man genießt, mehr erfährt. Die erwähnten Regeln aus den „BBC Producer's Guidelines" fordern ein Verhalten, das Vertrauen erzeugt. Ein Gesprächspartner, der aggressiv, unfreundlich, unhöflich, fordernd oder unterstellend angegangen wird, sagt weniger als er weiß, hält sich zurück, schweigt gegebenenfalls. Man fragt sich, warum manche Radio- und Fernsehjournalisten auf solche doch einfachen und einleuchtenden Dinge nicht achten. Denn „wenn man nicht das Vertrauen des Interviewpartners gewinnt, bekommt man nur die üblichen Allgemeinplätze als Antwort. Und: möglicherweise kein Interview mehr,"[64] so der Journalist und Dozent Lawrence Grobel oder – wie sein Kollege John Brady es formuliert: „Interviewen ist die Wissenschaft, erst Vertrauen zu gewinnen und dann Informationen."[65]

---

64 Grobel. *Art of the Interview*, 133. Meine Übersetzung.
65 Brady. *Craft of Interviewing*, 68. Meine Übersetzung.

Eine Ursache für die „uninformierte Gesellschaft“ liegt auch hier begründet. Welche Chancen der Informationsvermittlung werden verspielt! Man hat kompetente Gesprächspartner zur Verfügung, von denen das Publikum Wichtiges und Interessantes erfahren könnte – würden die Interviewer nur sachgerechte und intelligente Fragen stellen, stellvertretend für Hörer und Zuschauer. Oft werden die Informationen aber durch vermeintlich kritischen Journalismus, Meinungsmache und eitle Selbstdarstellung verschüttet. Zum Glück gibt es allerdings auch viele positive Ausnahmen.

Boulevardisierung – Eine Ursache des Problems oder Teil der Lösung?

Unterhaltende Elemente überlagern zunehmend die journalistische Berichterstattung in den Medien. Dass das Interessante bei der Nachrichtenauswahl oft Vorrang vor dem Wichtigen hat, ist in vielen Medien eine Grundregel. Medieninszenierungen seitens der Politik und der Wirtschaft machen es den Journalisten allerdings leicht, das Unterhaltungsbedürfnis des Publikums zu bedienen. Für Medieninszenierungen gilt die sogenannte „Orchestra-Pit-Theory", wie sie der langjährige Präsident der des US-amerikanischen Senders *Fox News*, Roger Eugene Ailes – gewiss mit einem Augenzwinkern – als späterer Public Relations-Berater einmal beschrieb:

> „If you have two guys on a stage and one guy says: ‚I have a solution to the Middle-East-Problem' and the other guy falls into the orchestra-pit, who do you think is going to be on the evening news?"[66]

Unterhaltung und Information werden in vielen Medien nicht mehr scharf getrennt, das Infotainment wird immer dominanter. Das Kunstwort Infotainment, entstanden aus Information und Entertainment, wird oft, und nicht selten zu Unrecht, als eine Mischung von Information und Gags diskreditiert. Tatsächlich geht es vielmehr oft darum, Unterhaltungselemente gleichsam

66 Roger Eugene Ailes zitiert nach Dickinson, Tim. „Roger Ailes' Keys to Campaign Success. ‚Pictures, Mistakes and Attacks' ." *Rolling Stone*, 06.06.2011, 17 ff.

als Lokomotive für den Transport von Informationen zu nutzen. Das Magazinformat beim Radio ist ein Beispiel dafür. Seit seinem Ursprung in den 1960er Jahren zieht das Magazinformat mit Unterhaltungsmusik ein Massenpublikum an und eingestreute Informationen erreichen auf diese Weise mehr Adressaten als in traditioneller Form. Fernsehen und Printmedien gehen seit langem ähnliche Wege.

Problematischer ist der Trend zu „Soft News", also wenn das Interessante bei der Nachrichtenauswahl höheres Gewicht als das Wichtige erhält. Ähnliches gilt, wenn Nachrichten mit Blick auf die Emotionen der Adressaten ausgewählt werden oder die Beteiligung von Prominenten, sogenannten Celebrities, den Ausschlag gibt, ob ein Thema auf die Agenda gesetzt wird oder nicht. Talkshows, in denen Fußballstars Weltpolitik erklären oder Terroristen nach Verbüßung ihrer Strafe ihre Verbrechen rechtfertigen dürfen, führen in die gleiche Richtung. Auch die Liveübertragungen von Großereignissen in Radio und Fernsehen haben oft mehr Unterhaltungs- als Informationswert. Dies reicht von Olympischen Spielen über Fürstenhochzeiten bis zu Papstwahlen und manchmal sogar bis zum Krieg. Natürlich ist Nachrichtenjournalismus immer auch ein Stück Unterhaltung. Sonst wäre ein Massenpublikum wohl kaum zu erreichen. Entscheidend ist aber, dass sich die Macher der Tatsache bewusst sind, dass man sehr leicht die Grenzen der Seriosität überschreitet.

Der US-amerikanische Medienwissenschaftler Neil Postman erregte Mitte der 1980er Jahre auch in Europa großes Aufsehen, als er die wachsende Bedeutung der Unterhaltung in den elektronischen Medien fundiert kritisierte. In seinem Buch *Wir amüsieren uns zu Tode*[67] entwickelte er die These, dass „[p]roblematisch am Fernsehen nicht [ist], dass es unterhaltsame Themen präsentiert, problematisch ist, dass es jedes Thema als Unterhaltung präsentiert." Insbesondere bei deutschen Medienmachern führte dies damals zu geradezu zornigen Reaktionen. Mehr als 30 Jahre nach Erscheinen von Postmans Thesen ist allerdings deutlich geworden, dass er viele Entwicklungen richtig vorausgesehen hat.

Viele Leser, Hörer und Zuschauer wünschen sich leicht konsumierbare Nachrichten, die nach Möglichkeit nicht „trocken", das heißt langweilig daherkommen. Im Wettbewerb um Auflage und Quote sind Nachrichtenjournalisten daher oft gezwungen, sich auf das Feld der Unterhaltung zu begeben, um Publikumserfolg zu haben und so verkaufen sie eine Realität, die aufregender, farbiger, lockerer, sexyer usw. erscheint, als sie tatsächlich ist.

Einer ähnlichen Logik folgt das auf massenmediale Aufmerksamkeit ausgerichtete Agieren mancher Politiker. Nicht nur in Talkshows kommt es für Politiker auf ihre Wirkung in den Massenmedien an. Der Kommunikations- und Medientheoretiker Norbert Bolz ist vielmehr der Ansicht, dass

> „Politik […] zunehmend durch die Ästhetik der neuen Medien selbst ersetzt wird […]. Der eigentliche politische Vorgang wird von den Installationen der Massenmedien völlig überlagert. Auch der kürzeste Weg eines Politikers ist mit Interviews und Statements gepflastert […]. Früher hing die Macht am Geheimnis, heute wird die Politik durch die Stellung vor den Medien bestimmt. Der Politiker als Medienstar ersetzt den charismatischen Führer […]. Politiker stellen sich nicht mehr im Parlament, sondern in den Medien dar: Damit tritt das elektronische Image an die Stelle politischen Handelns."[68]

---

67 Postman, Neil. *Wir amüsieren uns zu Tode. Urteilsbildung im Zeitalter der Unterhaltungsindustrie*. Frankfurt: Fischer, 1985, 110.

68 Bolz, Norbert. *Das kontrollierte Chaos. Vom Humanismus zur Medienwirklichkeit.*

Wichtiges wird also überdeckt oder verdrängt von Unterhaltendem. Medien pendeln zwischen normativ, das heißt ihrer öffentlichen Aufgabe, und kommerziell. Es regiert der Imperativ der Aufmerksamkeit unser Leben.[69]

Es scheint, als täten Politiker oft nicht das, worauf es ankommt, sondern das, was ankommt. Deshalb werden Themen nicht selten auch unter dem Aspekt ausgewählt, wie sie sich unterhaltend präsentieren lassen. Ich erinnere mich an Parteitage in Deutschland und Wahl-Conventions in den USA, bei denen Radiojournalisten verzweifelt nach Originaltönen von prominenten Politikern suchten – im Zweifel ohne Rücksicht auf den Inhalt.

Dass Images und Unterhaltungselemente zumindest teilweise den Politikbetrieb bestimmen, spiegelt sich zwangsläufig auch in der Nachrichtengebung wider. Ein Beispiel: Der *Deutschlandfunk*, dessen Programm von einem überdurchschnittlich gebildeten und anspruchsvollen Publikum genutzt wird, begann am 10.02.2020 die wichtigen und meist gehörten Frühnachrichten mehrmals mit dem Thema „Oscarverleihung". Eine politische Krise in Thüringen und die schwierige Situation im Zusammenhang mit dem Sturm „Sabine" folgten erst danach.

In den Bereich des Infotainments gehört auch der mit Talkshows oft verbundene „Celebrity-Kult". Dass in Talkshows nachrichtenwerte Äußerungen fallen, ist eher die Ausnahme. Dies hat sowohl mit den Moderatorinnen und Moderatoren, als auch mit den Gästen zu tun. Schon 1961 setzte sich der US-amerikanische Historiker und Medienkritiker Daniel Boorstin mit dem Thema

---

Düsseldorf: Econ Verlag, 1994, 146.

69 Meyen, Michael. *Breaking News: Die Welt im Ausnahmezustand*. Frankfurt: Westend Verlag, 2018, 15 ff.

„Celebrity" auseinander und entlarvte diese nur um ihrer Bekanntheit selbst willen – aus welchen Gründen auch immer – Prominenten pointiert als: „A celebrity is a person who is known for his well-knownness."[70] Dass es in diesem Metier auch zu Grotesken kommt, die glücklicherweise weitgehend wirkungslos bleiben, skizzierte einmal der langjährige Intendant des *Deutschlandfunks* und Journalismus-Dozent Ernst Elitz:

> „Manchmal werden Nebenrollen besetzt – wie einst der Friseur von Sabine Christiansen. Friseure eignen sich immer gut. Sie sind die geborenen Welterklärer. Demnächst werden die Eingeladenen sich von ihrem Taxifahrer ins Studio geleiten lassen. Auch in diesem Berufsstand gibt es Sachverständige für den beherzten Vortrag von Vorurteilen."[71]

Doch auch die seriöseren Politik-Talkshows folgen zunächst einmal dem Prinzip der Unterhaltung, mit allen damit verbundenen Problemen. So bemerkte Neil Postman – noch immer zutreffend:

> „Es liegt schon beinahe außerhalb der Grenzen des Erlaubten, in einer Fernsehsendung zu sagen ‚Lassen Sie mich darüber nachdenken', ‚Ich weiß nicht', ‚Was meinen Sie, wenn Sie sagen…?' oder ‚Aus welcher Quelle stammt Ihre Information?' Mit einem Wort: Denken ist keine darstellende Kunst."[72]

Trotz dieser Oberflächlichkeit und obwohl sie mehr Unterhaltungs- als Informationswert haben, bestimmen (politische) Talkshows stark die Agenda des Publikums, und Talkshow-Äußerungen

---

70 Boorstin, Daniel J. *The Image. A Guide to Pseudo-Events in America*. New York: Harper Colophon, 1961, 57.

71 Elitz, Ernst. *Ich bleib dann mal hier. Eine deutsche Heimatkunde*. München: C. H. Beck, 2009, 113.

72 Postman. *Wir amüsieren uns zu Tode*, 113.

werden oft in Nachrichten zitiert. Insofern bekommen diese, unabhängig von ihrer tatsächlichen Bedeutung, einen eigenen Stellenwert – oft einen viel zu hohen. Das gilt für viele Auftritte von Politikern in Talkshows, zumal dann, wenn sich die Moderatoren als reine Stichwortgeber verstehen. Im günstigsten Fall haben derartige Auftritte noch einen gewissen Unterhaltungswert – von Informationswert zu sprechen, wäre sehr vermessen. Gleiches trifft auf die häufigen Auftritte journalistischer „Experten" zu. Es gibt selbstverständlich Journalisten, die sich auf bestimmten Gebieten einen Expertenstatus erarbeitet haben. Häufig jedoch ist ihre Kompetenz sehr fragwürdig, wie auch der US-amerikanische Journalist und Medienforscher Tom Rosenstiel feststellt:

> „Während in den 1970er Jahren die bekanntesten und am meisten bewunderten Journalisten in Amerika die kritischen Reporter waren, verschob sich der Ruf als bekannteste und einflussreichste Journalisten in den 1980er Jahren von diesen zu jenen, die in Fernsehstudios herumsitzen und schnelle Meinungen anbieten – Fachleute in der hohen Kunst der Behauptung."[73]

Leider gibt es Journalisten, die als Experten beispielsweise in Talkshows auftreten, weil sie gelegentlich über ein Thema berichten. Hier wäre mehr Skepsis der Einladenden und mehr Bescheidenheit der Eingeladenen wünschenswert. Mit ihren Auftritten tragen sie zu einer Inszenierung von Information bei, die am Ende niemandem nützt und allen schadet. Der Politikwissenschaftler Thomas Meyer resümiert dazu:

---

73 Rosenstiel, Tom. (1992) „Talk-Show-Journalism." In: Cook, Philip S.; Gomery, Douglas; Lichty, Lawrence W. (Hrsg.) *The Future of News. Television, Newspapers, Wire Services, Newsmagazines*. Baltimore: Johns Hopkins University Press, 1992, 73–82, hier 75. Meine Übersetzung.

> „Am Ende verwechseln viele im Journalismus und mehr noch im Publikum die unterhaltsamen, aber irreführenden Schwundformen der Darstellung von Politik (also den Zank unter Promis) mit der Sache selbst. Kein Wunder also, dass die Talkshow in der Mediendemokratie zum Inbegriff des Politischen geworden ist, zum Idealtypus der mediatisierten Politik. Ohne, dass das eigentlich Politische ihnen in die Quere kommt, können sich die Nachrichtenfaktoren nur so tummeln: Prominente, die gesellschaftliche Interessen oder Sichtweisen greifbar verkörpern, zanken in gekonnter Inszenierung, und die Moderatorin respektive der Moderator sorgt dafür, dass der Klamauk nicht nachlässt. Gespräche, die nicht geführt, sondern unterhaltsam gespielt werden. Das immer gleiche Promi-Personal führt eine Art „Familien-Soap" vor – ganz unabhängig davon, worum es inhaltlich geht. Die eigentliche Inhaltsseite der Politik verschwindet in der Kulisse, ohne, dass sie irgendwem groß fehlen würde."[74]

Infotainment-Elemente in der medialen Informationsvermittlung bergen noch ein weiteres Problem: Sie erzeugen eine gewisse Erwartungshaltung. Emil Breisach, langjähriger Intendant des ORF, des Österreichischen Rundfunks in der Steiermark, erklärte einmal die Spirale, die in Gang gesetzt wird, wenn Nachrichten regelmäßig durch die Vermischung mit Unterhaltung für ein breites Publikum attraktiver und damit leichter konsumierbar gestaltet werden:

> „Wer einmal aus der Summe der Informationen zwischen dem Spektakulären und dem Gewöhnlichen wählen muss, der wird sich für das Spektakuläre entscheiden müssen. Wer sich einmal für das Spektakuläre entschieden hat, der erzeugt Erwartungshaltungen, die er immer wieder, will er bei seinem Publikum Aufmerksamkeit erwecken, von neuem befriedigen muss. Dieser eigengesetzliche

74 Meyer, Thomas. *Die Unbelangbaren. Wie politische Journalisten mitregieren*. Berlin: Suhrkamp, 2015, 82.

> Trend, der durch die Konkurrenzsituation, in der die Medien sich befinden, wesentlich verstärkt wird, hat zur Folge, dass die Wirklichkeit eine Schlagseite zum Außergewöhnlichen erhält."[75]

In Deutschland fordern Politiker immer wieder – und sie werden oft von Print- und Onlinemedien unterstützt – insbesondere der öffentlich-rechtliche Rundfunk dürfe dem Trend zu immer mehr Unterhaltung nicht folgen. Eine berechtigte Forderung, wenn hier ehrlich und nicht ein wenig verlogen argumentiert würde. Politiker aller Parteien verlangen zwar zu Recht Qualität, gleichzeitig bezichtigen sie aber die Rundfunkanstalten wenn es um aufwändige Kulturangebote und beispielsweise die Unterhaltung von Orchestern geht, der Geldverschwendung – zumal diese Angebote naturgemäß ein eher kleines Publikum erreichen. Trotzdem weisen gerade Landespolitiker, wenn es um Kultur in ihrem Land geht, gerne auf die von den öffentlich-rechtlichen Rundfunkanstalten unterhaltenen erstklassigen Orchester hin und schmücken sich mit ihnen.

Infotainment ist als Format geradezu zwingend für Boulevardmedien. Neben den Zeitungen haben auch Radio und Fernsehen in den letzten Jahren Boulevardformate entwickelt. Dabei handelt es sich um einzelne Sendungen, die punktuell spezielle, meist jüngere, Zielgruppen erreichen. Das klassische Boulevardformat findet sich jedoch noch immer in erster Linie im Printbereich. Boulevardmedien müssen ihren Markt täglich neu erobern. Dies hat naturgemäß Auswirkungen auf die Themenauswahl, auf die formale Gestaltung und die Sprache. Thematisch setzen diese Medien auf „Soft News", auf unterhaltende Elemente und darauf, womit die Emotionen der Leser angesprochen werden können.

---

75 Breisach, Emil. *Die Angst vor den Medien. Zähmbare Giganten.* Graz: Leykam Verlag, 1978, 27.

Die Gestaltung muss gleichsam auf Leserfang aus sein: Plakative Aufmachung, attraktive Schlagzeilen, auffallende Bilder sind hier die Instrumente der Wahl. Die Sprache ist einfach, nahe an der Umgangssprache und persönlich. Boulevardzeitungen pflegen traditionell den „anwaltschaftlichen“ Journalismus, das heißt das Eintreten für die Belange einzelner Menschen oder Gruppen gehört zum Redaktionskonzept. Auch politische Kampagnen sind Teil dieses Systems. Unterhaltungselemente als Transportmittel für Informationen sind ein wichtiger Teil des Boulevardjournalismus.

Immer wieder wird die Frage gestellt, inwieweit sich andere, das heißt Nicht-Boulevardmedien, die Techniken der Boulevardblätter zu Nutze machen sollten oder dies bereits tun. Bei Radio und Fernsehen stellte sich die Frage beim Entstehen des dualen Rundfunksystems ab Mitte der 1980er Jahre. Private Radio- und Fernsehanbieter mussten sich nicht nur von den öffentlich-rechtlichen unterscheiden, sie mussten auch Programme anbieten, die wegen ihrer Werbefinanzierung für die werbetreibende Wirtschaft attraktiv sind, indem sie möglichst hohe Einschaltquoten erzielen. Damit war klar, dass unterhaltende Programme Vorrang haben würden. Sowohl die Themenauswahl als auch die formale Gestaltung und die Sprache unterschieden die Angebote von Anfang an von denen der öffentlich-rechtlichen Rundfunkanstalten. Der Publikumserfolg stellte sich erwartungsgemäß ein. Dass öffentlich-rechtliche Programme versuchten und versuchen, es den privaten gleich zu tun, ist hingegen nur in Ausnahmefällen erfolgreich. Viele öffentlich-rechtliche Sender in Deutschland und in anderen Ländern reagierten ganz einfach falsch. Sie versuchten mit allenfalls mittelmäßigem Erfolg, ihre Programme denen der privaten Konkurrenten anzupassen. In Deutschland hat der öffentlich-rechtliche Rundfunk mit zahlreichen Talkshows und Krimis auch klassische Formate der privaten übernommen. Damit erzielt er zwar auch recht hohe Einschaltquoten, aber nur beim älteren Publikum. Ein Weg mit langfristiger Zukunftsperspektive, der auch junge Zuschauer anzieht, ist damit also noch nicht gefunden. Darüber hinaus widerspricht die Anpassung der öffentlich-rechtlichen Angebote an die der Privatveranstalter auch dem ursprünglichen Programmauftrag, der da lautet: Information, Kultur und Bildung sowie Unterhaltung.

Interessant ist die Frage, ob auch Qualitätszeitungen dem Trend zur Boulevardisierung gefolgt und dort Qualitätsverluste zu beobachten sind. Medienwissenschaftler der Universität Mainz gingen dieser Frage am Beispiel der *Frankfurter Allgemeinen Zeitung* von 1982 bis 2006 nach. Zwar stellten sie dabei einen leichten Trend in Richtung einer verstärkten Visualisierung fest und auch, dass die Prominenz der „soften" Themen steigt, zugleich blieb die Dominanz der „harten" Themen aber deutlich zu erkennen. Damit widerlegten sie – zumindest für die FAZ – die „Annahme, dass die Qualitätspresse von dem Phänomen der Boulevardisierung erfasst wurde".[76]

Trotz aller Skepsis: Gutes Infotainment kann durchaus mehr zur Informiertheit beitragen als das Public Relations-Gerede von Politikern, das von Medien nur unhinterfragt wiederholt wird. Vertiefung von wichtigen Informationen kann auch über das Infotainment funktionieren und Unterhaltungselemente können eine wichtige Lokomotivwirkung haben. Verständlich präsentierte Hintergrundinformationen – durchaus auch in

---

76 Landmeier, Christine; Daschmann, Gregor. „Im Seichten kann man nicht ertrinken? Boulevardisierung in der überregionalen deutschen Qualitätspresse." In: Blum, Roger; Bonfadelli, Heinz; Imhof, Kurt; Jarren, Otfried (Hrsg.). *Krise der Leuchttürme öffentlicher Kommunikation. Vergangenheit und Zukunft der Qualitätsmedien.* Wiesbaden: Verlag für Sozialwissenschaften, 2011, 177–191.

unterhaltender Form – können für das Publikum inhaltsreicher sein als inhaltsloses Gerede, das sich nur durch prominente Namen auszeichnet.

Nähe braucht der Mensch – Regionalinformationen, ein wichtiges Element einer informierten Gesellschaft

Wenn es um das Vertrauen der Bürgerinnen und Bürger in die Informationsmedien geht, dann schneiden nach dem öffentlich-rechtlichen Radio und Fernsehen die Tageszeitungen, und hier insbesondere die lokalen und regionalen Blätter außerordentlich gut ab. Dies hat zum einen damit zu tun, dass die Nutzer dieser Medien oft aus eigener Anschauung und Erfahrung Inhalte und Qualität beurteilen können. Der Zuspruch liegt auch darin begründet, dass in diesen Medien die Interessen der Bürger direkt bedient werden. Auf die Frage, an welchen Themen sie ganz besonders interessiert seien, nannten 41 % der deutschen Bevölkerung ab 14 Jahren lokale Ereignisse und das Geschehen vor Ort. Regionale und lokale Medienangebote bieten Orientierung, klären Missstände auf und lassen Interessengruppen zu Wort kommen. Besonders die öffentlich-rechtlichen Fernseh- und Radioprogramme, Lokalzeitungen und deren Onlineangebote werden für regionale Themen bevorzugt. Bei regionalen Medienangeboten besteht nach Aussage der Befragten zudem verstärkt die Möglichkeit der Partizipation des Publikums.[77]

77 Gleich, Uli; Puffer, Hannah. „Soziale und gesellschaftspolitische Funktionen regionaler Berichterstattung. Studienüberblick zum Bedürfnis nach Medieninhalten aus der eigenen Region." *Media Perspektiven* 1 (2019): 5–10.

Der Faktor Nähe besitzt also für die Bevölkerung große Bedeutung. Die Zufriedenheit und das Vertrauen, die in diesem Bereich den traditionellen Medien zugeschrieben werden, zeigen deutlich, dass hier von „uninformierter Gesellschaft" offenbar keine Rede sein kann. Hier spielen Publikumsinteressen, Medienentwicklung sowie die Geschichte Deutschlands und seiner Regionen auf bemerkenswerte Weise zusammen:

> „Die Regionalzeitung ist das letzte Integrationsmedium in der Gesellschaft mit vielen medialen Brüchen. 90 % aller erfolgreichen Publizisten haben ihr Handwerk in der Lokalredaktion gelernt. Sie ist die Königsdisziplin des Journalistengewerbes. Die Lokalzeitung ist das Erlebnis der Nah-Welt. Sie schreibt Stadtgeschichten und macht die Geschichte der Stadt lebendig. Investigativer Journalismus findet nicht nur in der Tiefgarage des Watergate-Hotels und bei der *Washington Post* statt, nicht nur im *SPIEGEL* und *Stern*, sondern auch in deutschen Zeitungen. Die enge Rückkopplung an die Leserschaft bewahrt vor Hochmut und Schlamperei."[78]

Diese Formulierung von Ernst Elitz ist nicht nur an Deutlichkeit kaum zu übertreffen, sondern auch an Aktualität. Vor Hochmut bewahrt die Arbeit im Lokalen und Regionalen, weil hier jede Nachricht eigenständig und hart erarbeitet werden muss. Es genügt in der Region nicht, auf der Basis von Agenturmeldungen den Lesern, Hörern und Zuschauern in wohlklingenden Worten die Welt zu erklären – ohne eigene Verantwortung und ohne das Risiko, Informationen auch belegen zu müssen. Vor Schlamperei bewahrt der Lokal- und Regionaljournalismus, weil nahezu alle Adressaten gleichsam Experten sind. Wenn ein Journalist einem amerikanischen Minister einen falschen Vornamen zuschreibt,

---

78 Elitz, Ernst. *Ich bleib dann mal hier. Eine deutsche Heimatkunde*. München: C. H. Beck, 2009, 124.

passiert in der Regel gar nichts. Gibt man einem Landrat oder Bürgermeister aber einen falschen Vornamen, dann melden sich nicht nur die Betroffenen, sondern die halbe Region.

In der Bundesrepublik Deutschland hat sich seit ihrem Bestehen eine lebendige und erfolgreiche Regionalmedienlandschaft entwickelt. Zwei wesentliche Gründe waren dafür maßgebend: Zunächst war unmittelbar nach dem Ende des Zweiten Weltkriegs der Bedarf an Informationen aus der „Nah-Welt“ enorm groß. Für die nationale und internationale Information sorgte zunächst das Radio, Lokal- und Regionalinformationen wurden von den Zeitungen geliefert und die Lizenzen der drei westlichen Besatzungsmächte für Zeitungsgründungen gingen großenteils an regionale Verlagshäuser. Der zweite Grund war die Entstehung des öffentlich-rechtlichen Rundfunks in den drei westlichen Besatzungszonen Nachkriegsdeutschlands. Die drei Westalliierten, die USA, England und Frankreich, waren sich rasch einig, dass von den drei denkbaren Rundfunkmodellen kommerziell (wie in den USA), staatlich (wie in Frankreich) und öffentlich-rechtlich (wie in Großbritannien) nur das letztere sinnvoll war. Ein staatliches System war angesichts der Erfahrungen der Nazizeit von den Besatzungsmächten nicht gewollt, obwohl es nicht wenige deutsche Politiker gab, die sich für staatlichen Einfluss auf den neu zu gründenden Rundfunk aussprachen. An ein kommerzielles, das heißt werbefinanziertes Modell war in dem in Trümmern liegenden Land nicht zu denken und so entschied man sich für das öffentlich-rechtliche System nach dem Vorbild der britischen BBC. Man entschied sich aber auch, auf Druck der Amerikaner, für eine dezentrale, das heißt föderalistische Struktur, entsprechend der geplanten, aber zu dieser Zeit noch nicht existierenden Bundesrepublik Deutschland. So entstanden die Landesrundfunkanstalten. Beim Zuschnitt der Sendegebiete spielten Landesgrenzen, aber auch die Struktur der damaligen Besatzungszonen eine Rolle.

Die öffentlich-rechtlichen Rundfunkanstalten *Hessischer Rundfunk*, *Westdeutscher Rundfunk* und *Süddeutscher Rundfunk* (der heute zusammen mit dem früheren *Südwestfunk* den SWR, das heißt den *Südwestrundfunk,* bildet) haben – zum Teil sehr erfolgreich – versucht, diesen Ländern durch ihre Programme eine eigene Identität zu verleihen. Dennoch kam es zu einer wirklich erfolgreichen Berichterstattung über die „Nah-Welt" erst in den 1980er Jahren, als die Rundfunkanstalten in großem Umfang neue (Sub-) Regionalprogramme entwickelten. Diese führten zu einer starken Hörerbindung und wurden deshalb auch zur Keimzelle für die bald entstehenden Landeswellen, wie zum Beispiel HR4 und SWR4. Dass es inzwischen einzelne Versuche gibt, diese Entwicklung trotz großer Erfolge zu beenden, ist in der Sache kaum zu begründen.

Zwei Faktoren haben den Erfolg der regionalen Nachrichtengebung im öffentlich-rechtlichen Rundfunk begünstigt. Zum einen war es eine Entwicklung bei den Lokal- und Regionalzeitungen und zum anderen waren es falsche regionalpolitische Entscheidungen.

Die Lokaljournalisten zeigten zuvor in ihren Werteorientierungen eine größere Affinität zu den Prioritätensetzungen der kommunalen Elite als zu den Vorstellungen der Bürger. Die Verleger und Redakteure der Lokal- und Regionalpresse waren in das Netz öffentlicher Beziehungen ihrer Gemeinwesen so sehr integriert, dass Distanz und Kritik – publikumswirksam artikuliert – nur im Widerstand zu diesem Netz persönlicher Beziehungen vollzogen werden konnte.[79] Diese Beobachtungen von Will Teichert

79 Teichert, Will. *Die Region als publizistische Aufgabe. Ursachen, Fallstudien, Befunde.* Hamburg: Verlag Hans-Bredow-Institut, 1982, 26.

als Teil einer groß angelegten Studie über Regionalmedien und Regionaljournalismus führten zu einem Umdenken.

Der zweite Grund: Die verfehlten Entscheidungen der Politik in den 1960er und 1970er Jahren. Gemeint sind die in vielen Regionen, meist gegen den Willen der Bevölkerung, durchgesetzten Gebietsreformen. Groß-Kreise und Groß-Gemeinden entstanden. Die Verwaltung sollte vereinfacht und verbilligt werden. Inzwischen sind längst wieder Unterstrukturen entstanden, die manchen Effekt obsolet gemacht haben. Eine Folge hatten die Gebietsreformen aber außerdem, die die Politiker offenbar nicht bedacht hatten: Die Menschen wurden orientierungslos, die Bezüge zur eigenen Gemeinde und zum Kreis wurden unterbrochen.

Zeitungen und Rundfunkanstalten nutzten die neue Situation durch Regionalausgaben bzw. Regionalmagazine. Die Rundfunkanstalten schufen neue Regionalstudios oder erweiterten die bereits vorhandenen. Ein neues Verständnis von Lokal- und Regionalnachrichten entstand. Außerdem entstand als für die Verantwortlichen erfreulicher Nebeneffekt ein viel engeres Verhältnis der Zeitung oder der Rundfunkanstalt zum Bürger. Dieses Verhältnis ist wechselseitig, die Journalisten integrieren sich stärker in die Region, über die und aus der sie berichten – ein wichtiger Schritt zur Bürgernähe der Medien. Je globaler unser Weltbild gerade durch die Wirkung der Massenmedien wurde, je zentralisierter und bürgerferner die Verwaltung, je programmierter die gesellschaftlichen Bezüge, je unüberschaubarer die Lebenszusammenhänge werden, umso deutlicher tritt der überschaubare Raum als Lebensnotwendigkeit und als erfahrbare Welt in den Blick der Bürger.[80]

---

80 Arnold, Bernd-Peter. *ABC des Hörfunks*. Konstanz: UVK, 1999, 110.

Für Lokal- oder Regionalzeitungen war Bürgernähe stets ein journalistischer Grundsatz. Radio und Fernsehen taten und tun sich damit manchmal noch immer schwer. Wenn der Rundfunk Bürgernähe praktizieren will, dann ist zunächst die persönliche Bürgerferne der Rundfunkmitarbeiter zu überwinden. Der Lebenskreis vieler Rundfunkjournalisten ist alles andere als typisch. Dies ist zwar nicht verwerflich, doch man muss es zur Kenntnis nehmen, um die daraus erwachsenden Probleme zu verstehen. Das Nicht-Teilhaben am Leben des „normalen" Bürgers dokumentiert sich jedoch keineswegs nur im Verhalten von Journalisten und in der Themenauswahl, sondern auch in ihrer Sprache. Dass eine große Anzahl von Hörern viele Informationssendungen nicht versteht, hängt damit zusammen, dass Journalistinnen und Journalisten oft für eine kleine Informations- und Bildungselite, der sie selbst angehören, texten, nicht aber für die große Masse der Bevölkerung. Mehr Kontakt zu ihrem Publikum täte vielen Journalisten daher gut, denn gerade das persönliche Gespräch fördert ja bürgernahe Themen zutage und ermöglicht entsprechende Programme. Es ist ein gewaltiger Irrtum zu glauben, bereits die unmittelbare Beteiligung des Bürgers an Sendungen mache ein Programm bürgernah. Der Bürger wird viel besser in die Gestaltung des Mediums einbezogen, wenn sich das Medium der für ihn wichtigen Themen annimmt. Hörerbeteiligung als demokratisches Alibi ist nicht genug und bewirkt auch kaum etwas. Der Bürger ist vielmehr als Erfahrungsträger zu verstehen, und diese Erfahrungen müssen über den vermittelnden, übersetzenden Journalisten in das Programm eingebracht werden.

Im Bereich der Regionalprogramme kommt dieser Art der Hörerbeteiligung eine besondere Bedeutung zu, da das von regionalen Belangen unmittelbar betroffene Publikum in der Regel über ein großes Sachwissen verfügt und dadurch oft mehr Kompetenz besitzt als die Journalisten. Und dies trägt – sinnvoll eingesetzt – gewiss zur Bereicherung der Programme bei. Für Lokal- und Regionalzeitungen gilt das Gleiche. Vorsicht ist auch hier beim Umgang mit Informationen geboten, die über die sozialen Medien in die Redaktionen gelangen. Ihre ungeprüfte Übernahme ist nicht „echte" Bürgerbeteiligung, sondern birgt auch hier die Gefahr der Manipulation.

In der Regionalberichterstattung geht es um Nähe, das heißt um Nähe zum Adressaten des jeweiligen Mediums. Von großer Bedeutung ist dabei die emotionale Nähe, nicht allein die geografische. Nahe beim Hörer und Leser sein heißt, sich mit dessen Themen und Anliegen zu befassen. Themen, die Gesprächswert in der Region haben, aufzugreifen und Sorgen und Nöte des Publikums im Programm widerzuspiegeln. Die sogenannte „Rück-Regionalisierung", also der Bezug eines überregionalen oder nationalen Themas auf die Region kann durchaus sinnvoll sein, birgt aber auch Gefahren. Dieses „Herunterbrechen" von Themen auf die regionale Ebene wird nur dann beim Publikum geschätzt, wenn es Bezugspersonen am Ort oder in der Region gibt, die sich aus eigener Erfahrung zu einem überregionalen Ereignis äußern – etwa ein heimkehrender Reisender aus einem Krisengebiet. Keine hohe Akzeptanz haben etwa Bundespolitiker, die in ihrem Wahlkreis zu internationalen Fragen Stellung nehmen.

Für die regionalen Angebote der Rundfunkanstalten gilt zunehmend das Prinzip der symbolischen Nähe. Viele Radioprogramme versuchen – oft mit Erfolg – die regionale Information auf dem Weg über öffentliche Veranstaltungen in der Region zu vermitteln.

Regional- und Lokalberichterstattung sind umso erfolgreicher, je weiter sie sich vom Protokoll- und Terminjournalismus entfernen und stattdessen auf Bürgernähe und Service setzen. Wenn die Berichterstattung über die Anliegen der Bürger ergänzt wird durch Serviceinformationen, bedeutet dies für die klassischen Nachrichtenmedien eine enorme Erfolgschance im Zeitalter des Internets:

> „Obwohl es das Internet heute leicht macht, sich zu jeder Stunde über das weltweite Geschehen zu informieren, zu sehen, wie das Wetter auf Teneriffa ist, die neuesten Wahlergebnisse aus den USA einzusehen oder weltweit Videos zu tauschen, haben Informationen aus dem direkten Umfeld eine besondere Bedeutung. In lokalen Medien sind Freizeittipps aus der Nähe zu finden, sind Berichte über die umliegenden Schulen und kommunalpolitische Entscheidungen zu finden. Über viele Jahrhunderte hinweg galt dabei der Markt als Ort, an dem lokale Neuigkeiten ausgetauscht wurden. Hier erfuhr man Klatsch und Tratsch aus der Nachbarschaft. Man konnte sich ein Stimmungs- und Meinungsbild machen, konnte sich aktiv in Diskussionen einbringen. Einen solchen Marktplatz gibt es heute nicht mehr. An seine Stelle sind institutionalisierte Formen der Kommunikation getreten, lokale Massenmedien, die es sich zur Aufgabe gemacht haben, über das zu informieren, was sich der eigenen Erfahrung entzieht."[81]

An die Stelle des Markplatzes sind also Lokalzeitungen und regionales oder lokales Radio getreten. Das Fernsehen spielt wegen der hohen technischen Anforderungen hier kaum eine Rolle. Im Lokalen und Regionalen findet journalistische Basisarbeit im Wortsinne statt. Mühevolle eigene Recherche ist gefordert, das persönliche Gespräch mit Informanten. Quellen muss man sich selbst erschließen und stets den Nutzwert der Informationen für Leser- und Hörer im Auge haben. Serviceinformationen im bes-

---

81 Kretzschmar, Sonja; Möhring Wiebke; Timmermann, Lutz. *Lokaljournalismus*. Wiesbaden: Verlag für Sozialwissenschaften, 2009, 29.

ten Sinne haben besonders in der Regional- und Lokalberichterstattung hohen Stellenwert, allerdings kommt es auch darauf an, die geeignete Darstellungsform für die Informationen zu finden.

Sowohl im gedruckten als auch im elektronischen Medium kommt es auf die Beteiligung von Akteuren und Betroffenen an. Ob es nun Zitate oder Originaltöne sind, oder komplette Interviews – die Positionen von Menschen aus der Region liefern die Authentizität, die Lokal- und Regionalberichterstattung erfordern. So kann die vielfach geforderte Bürgernähe realisiert und Identität mit dem Medium und der Region geschaffen werden:

> „Bei der Mehrzahl der lokalen und regionalen Tageszeitungen hat sich die Erkenntnis Bahn gebrochen, dass nicht Leitartikel oder Theaterkritiken den Wert des gesamten Produkts für seinen Käufer ausmachen. Der Lokalteil ist das Herzstück der Zeitung, von ihm lebt sie. Der Lokalteil entscheidet darüber, wie sich die Leser mit ihrer Zeitung zuhause fühlen.“[82]

Die Formulierung von Ernst Elitz, der Lokaljournalismus sei die Königsdisziplin im Journalismus, wird auch in Zukunft ihre Gültigkeit nicht verlieren. Regionale und lokale Medien behalten ihre Bedeutung für das Publikum, im Zweifel wird die Bedeutung noch wachsen. In Zeiten, in denen viele Menschen verunsichert sind, ist der Rückzug auf das Vertraute, auf die eigene Umgebung, die Wohlgefühl und Sicherheit verspricht, wichtig. Informationen aus der Nah-Welt spielen dabei eine große Rolle. Es genügen aber nicht die auf persönlichem Erleben und persönlicher Betroffenheit

---

82 Golombek, Dieter. *Rezepte für die Redaktion. 7. Ergänzungsband: Deutscher Lokaljournalistenpreis 2011*. Salzburg: Oberauer, 2012 zitiert nach: Schneider, Wolf; Raue, Paul-Josef. *Das neue Handbuch des Journalismus und des Online-Journalismus*. Reinbek: Rowohlt, 2012, 316.

beruhenden Informationen, die teils von den sozialen Medien vermittelt werden. Gefragt sind vielmehr Informationen, die es möglich machen, das eigene Leben selbstbestimmt zu gestalten, zuverlässige Informationen, von professionellen Journalisten recherchiert und aufbereitet. Der Verbreitungsweg ist dabei nachrangig. Gut ausgebildete Lokal- und Regionaljournalisten werden benötigt, um diesen gesellschaftlichen Auftrag zu erfüllen – sei es in öffentlich-rechtlich verfassten oder in privatwirtschaftlich organisierten Medien.

Dennoch hat der Lokal- und Regionaljournalismus große Probleme: Einerseits mangelt es ihm an qualifiziertem Nachwuchs, andererseits wird bei den Redaktionen immer weiter gespart. Trotzdem werden die Bürger hier insgesamt immer noch gut informiert. Von einer uninformierten Gesellschaft kann man also kaum sprechen. In der Lokal- und Regionalberichterstattung ist in der Tat vieles anders – ohne Schönfärberei.

In den Regionalmedien gibt es allerdings zahlreiche, zum großen Teil bedauerliche Widersprüche. Einerseits ist das Publikumsinteresse an lokalen und regionalen Informationen groß. Regionale Radio- und Fernsehprogramme verzeichnen hohe Einschaltquoten und Studien zeigen, dass insbesondere die regionalen Zeitungen ein sehr hohes Vertrauen beim Publikum genießen. Dennoch gehen die Auflagen dieser Zeitungen zurück und die Online-Ausgaben können die Verluste nur bedingt kompensieren. Die Folge sind Einsparungen in den Redaktionen, häufig zugunsten prestigeträchtigerer überregionaler Ressorts. Die Medienjournalistin Julia Bernewasser beschäftigt sich mit der Frage, was Lokaljournalismus heute – unter diesen Bedingungen – möglicherweise dennoch leisten könnte:

„Viele der Menschen haben keine Zeit, sich jeden Tag mit einer Lokalzeitung zu beschäftigen, am Wochenende aber wollen sie Hintergrund, Analyse, gute Recherchestücke, Einordnungen. Dafür aber greifen sie zu überregionalen Produkten. Kein Lokaljournalismus? ‚Naja, ich will ja nicht über jeden Unfall informiert werden. Das ist mir zu banal', bekommt man dann zu hören. Vielleicht muss sich der Lokaljournalismus also neu erfinden, als Wochenzeitung zum Beispiel. Er muss sich den Lebensgewohnheiten der Menschen, ihrer Alltagsplanung anpassen. Sie gehört schon jetzt nicht mehr neben Brot und Butter auf den Frühstückstisch. Aber wie wäre es, sie zu einem Produkt zu entwickeln, das man am Abend bei einem guten Wein zu sich nimmt? Schon heute scheint die Zeitung sich zu einem Elitenprodukt zu entwickeln. Und diese Eliten sind zahlungskräftig. Laut der ‚Leseanalyse Entscheidungsträger in Wirtschaft und Verwaltung' konsumieren so viele Entscheidungsgeber wie nie Tageszeitungen, Wochenzeitungen und Magazine. Dabei handelt es sich um den sogenannten Qualitätsjournalismus auf überregionaler Ebene. Nun ist es Zeit, Qualität auch endlich mit dem Lokalen zu verbinden. Und es braucht Alleinstellungsmerkmale. Egal ob online oder gedruckt – jedes lokaljournalistische Produkt muss sich abheben, unverwechselbar sein, sich einen Namen machen."[83]

Ein Vorschlag, der geeignet ist, zumindest einen Teil der Probleme zu lösen. Während die uninformierte Gesellschaft insgesamt ein Produkt vieler Defizite in der Welt der Medien ist, dass sich nur unter größter Anstrengung wird auflösen lassen, besteht im regionalen und lokalen Bereich die große Chance, dass die Gesellschaft eine informierte Gesellschaft bleibt oder wird. Nun

83 Bernewasser, Julia. „Der Lokaljournalismus – noch zu retten?" In: Steinbrecher, Michael, Rager, Günther (Hrsg.). *Wenn Maschinen Meinung machen. Journalismuskrise, Social Bots und der Angriff auf die Demokratie.* Frankfurt: Westend Verlag, 2018, 193–204, hier 193.

sind ausnahmsweise einmal nicht die Medien, die Journalisten gefordert, sondern auch die Bürgerinnen und Bürger selbst. Sie können ihrerseits dafür sorgen, dass hier Qualitätsinformation erhalten bleibt. Dies kann ganz einfach dadurch geschehen, dass man durch bezahlte Abonnements die Existenz der regionalen und lokalen Medien sichert – gleichgültig ob gedruckt oder online.

Zukunftsperspektiven – Wo liegen die Chancen für Mediennutzer und Medien?

Eine Gesellschaft sollte immer den Anspruch haben, eine informierte Gesellschaft zu sein. Wir wissen, dass diktatorische Regime kein Interesse daran haben, ihre Bürgerinnen und Bürger umfassend und zutreffend zu informieren. Gleiches gilt für Länder, die zwar formal Demokratien sind, beispielsweise Russland, China und die Türkei, in denen aber die Herrschenden bestimmen, wie eine informierte Gesellschaft auszusehen hat.

In echten Demokratien schaffen die Parlamente und Regierungen in der Regel die Voraussetzungen für informierte Gesellschaften. So auch in Deutschland. Dass gleichwohl die Frage berechtigt ist, ob wir wirklich in einer informierten Gesellschaft leben, liegt also keineswegs an fehlenden institutionellen Voraussetzungen. Die Gründe liegen vielmehr in der freiwilligen Entscheidung der Bürger für nicht vertrauenswürdige Informationssysteme und darin, dass die klassischen Informationsmedien viele Chancen vergeben, die Bevölkerung zutreffend und umfassend zu informieren. Die Ursachen dafür wiederum sind vielfältig, sie reichen von teilweise fehlender Professionalität über Finanzprobleme und Unkenntnis der Publikumsbedürfnisse bis hin zu bereitwilligem dem Mainstream Nacheifern und pseudokritischem, der Information schadendem, Gehabe.

Die Bedeutung unabhängiger, frei gestalteter und ohne Einschränkungen für ein allgemeines Publikum verbreiteter Informationen ist unstrittig. Diesen Anspruch kann nur ein unabhängiger Qualitätsjournalismus einlösen. Diesen Journalismus gibt es, doch er ist in Gefahr – und zwar in dreifacher Weise. Zum einen haben mächtige Gruppen, politische ebenso wie wirtschaftliche, gelernt, die Medien und damit die Nachrichtengebung für ihre Zwecke zu managen. Es ist gewiss ein alarmierendes Zeichen, dass in den Hauptstädten der demokratischen Staaten die Zahl der Journalisten bei weitem übertroffen wird von der der PR-Profis, Medienberater und Lobbyisten. Die zweite Gefahr liegt darin, dass moderne Techniken vielerorts zumindest einen Teil der Funktionen übernommen haben, die früher von den traditionellen Nachrichtensystemen wahrgenommen wurden. Langfristig wird professionelle journalistische Nachrichtengewinnung und -aufbereitung sich zwar behaupten, fürs erste ist aber der Journalismus auch durch den explosionsartigen Anstieg „alternativer Medienangebote" ernsthaft gefährdet. Und schließlich finden sich journalistische Produkte immer stärker integriert in ein Umfeld von Unterhaltung, das weite Teile unserer Kultur überdeckt. Die Nutzer von Informationen werden immer stärker als Konsumenten von Werbebotschaften gesehen, weshalb die Information – bis hin zur politischen Information – attraktiv in Elemente der leichten Unterhaltung und der Werbung verpackt wird. Die Frage, ob es sinnvoll ist, dass sogar die weitgehend von Werbung unabhängigen öffentlich-rechtlichen Medien diesen Weg immer häufiger beschreiten, wird sich den Verantwortlichen spätestens dann stellen, wenn die Grundsatzfrage der Gebührenfinanzierung ernsthaft auf die politische Agenda gesetzt wird.

Die Gründe dafür, dass unsere Gesellschaft trotz der Verfügbarkeit von immer mehr Informationen nicht informierter, ja sogar weniger informiert ist, liegen sowohl bei den Medien als auch bei den Adressaten selbst. Medien und ihre Macherinnen und Macher sind Teil der Gesellschaft, sie nehmen an deren Entwicklung teil, ja sie bestimmen sie sogar mit. Aber hier beginnt das Problem. Viele Menschen gehen davon aus, der professionelle Journalismus müsse sich angesichts der Tatsache, dass im Netz jeder alles veröffentlichen kann, verändern. Verändern muss er sich natürlich ständig, um Qualitätsstandards zu halten und die Qualität zu verbessern. Veränderung darf aber nicht heißen, sich von zweifelhaften und teils nicht überprüfbaren Quellen abhängig zu machen.

> „Die Grundwerte des Journalismus bleiben trotz unterschiedlichster Ausspielwege gleich: die Recherche, die wahrheitsgetreue Widergabe von Fakten, die Wahrhaftigkeit von Quellen zu verifizieren, die Trennung von Bericht und Kommentar. Diese Grundgesetze journalistischer Ethik können nicht durch neue Verbreitungswege außer Kraft gesetzt werden. Ganz im Gegenteil, gerade angesichts der Überflutung von vermeintlichen Augenzeugenvideos aus Kriegsgebieten auf YouTube, angesichts von Twitter-Nachrichten, die nur der individuellen Sichtweise des Absenders entsprechen und keiner objektiven Überprüfung unterzogen werden können, angesichts der problemlosen Verlinkung von sogenannten Fake News mit allen Plattformen im Netz unter Hinzufügung von – ebenfalls nicht faktengestützten – Meinungsbeiträgen, purer Manipulation in Bild und Wort und angesichts der vielen Hacker, die es schaffen, Dokumente ohne Bezug zu ihrer Entstehung, Bedeutung oder Geheimhaltungsstufe der Internetgemeinschaft zum voyeuristischen Konsum anzubieten, angesichts dieser Fakten ist es heute dringender denn je, die journalistischen Standards einzufordern, die schon immer in einer pluralistischen Demokratie gegolten haben. Gerade deshalb mussten und müssen die öffentlich-rechtlichen Medien, die Qualitätsmedien überhaupt wie die *Frankfurter Allgemeine Zeitung*, die *Neue Züricher Zeitung*, die *Welt*, die *Süddeutsche Zeitung*, *Der*

> *Spiegel*, *Die Zeit* und viele andere ihre journalistischen Inhalte in die digitale Welt mit einbringen, weil sie sonst für einen Teil der Bevölkerung verloren gingen."[84]

Ich habe bereits erwähnt, dass sich die Statements und Beiträge in den sozialen Medien in der Regel auf Themen beziehen, die auch die professionellen Medien veröffentlicht haben. Dieser Zusammenhang ist so stark, dass der Medienwissenschaftler Christoph Neuberger zu dem Schluss kommt, dass die „Agenda der klassischen Medien [...] sich nahezu eins-zu-eins in den Internetmedien" wiederfindet.[85]

Umso erstaunlicher ist, dass es Menschen gibt, die ernsthaft glauben, von den klassischen Medien nicht zutreffend informiert oder gar belogen zu werden. Wie groß und vor allem medial wahrnehmbar dieser Anteil der Bevölkerung ist, wurde an den großen Zahlen von Demonstrantinnen und Demonstranten aus verschiedensten politischen Lagern deutlich, die Verschwörungstheoretiker während der Corona-Krise 2020 gegen die Politik der Regierung und gegen die „Lügenpresse" mobilisieren konnten. „Ich brauche ja weder Radio noch Fernsehen noch eine Zeitung", wurde nicht nur dort häufig behauptet. Dem kann man nur ein Wort des langjährigen Herausgebers der *New York Times*, Arthur O. Sulzberger entgegenhalten:

> „Es gibt auf dieser Welt keinen Mangel an Nachrichten. Wenn man Nachrichten haben will, dann kann man ins Netz gehen und all diesen Schrott herausgreifen. Aber ich glaube nicht, dass die meisten Menschen die Fähigkeit haben, Redakteure zu sein oder

---

84 Grotzky, Johannes. *Warum Journalist werden? Beiträge aus der Praxis*. Norderstedt: Books on Demand, 2018, 38.

85 Neuberger, Christoph. „Welche Medien braucht die Plattformgesellschaft?" Vortrag beim Mainzer Medieninstitut, 06.03.2020.

auch nur die Zeit oder das Interesse dafür haben [...] Wenn man die *New York Times* kauft, kauft man keine Nachrichten. Man kauft Urteilskraft."[86]

Viele lassen sich auch von kostenfreien Angeboten im Netz insgesamt und den starken Positionen, die dort teils vertreten werden, locken und verabschieden sich vollkommen von den traditionellen Medien. Die Produktion professioneller Medien kostet Geld, viel Geld, wenn qualitativ hochwertige Informationen geliefert werden sollen. Gemessen an anderen Gütern sind dennoch die Preise für Qualitätsmedien niedrig. Am niedrigsten ist der „Preis" für die Nutzung des öffentlich-rechtlichen Rundfunks. Zwar ist der Rundfunkbeitrag zum politischen Preis unserer Zeit geworden, aber Politiker aller Parteien machen sich unglaubwürdig, wenn sie einerseits auf den öffentlich-rechtlichen Rundfunk und das Geld, das er bekommt, schimpfen, zugleich aber davon ausgehen, dass er über ihre Äußerungen und Aktivitäten berichtet.

Nach wie vor ist das Vertrauen der Bevölkerung in öffentlich-rechtliches Radio und Fernsehen sehr groß, nebenbei bemerkt deutlich größer als in die Politik. Dennoch sind Defizite im Journalismus – unabhängig davon, ob er privatwirtschaftlich oder öffentlich-rechtlich organisiert ist – nicht zu leugnen. Es handelt sich vielfach um Defizite, die zur Uninformiertheit beitragen. Zu den Aufgaben der journalistischen Medien gehört es, umfassend über nationale und internationale Großereignisse zu berichten. Insbesondere die öffentlich-rechtlichen Radio- und Fernsehprogramme sind hier gefordert. Denkt man zum Beispiel an politische Großereignisse wie Parteitage oder internationale Gipfelkonferenzen, dann ist bereits der

86 Arthur O. Sulzberger zitiert nach Habermann, Clyde. „Arthur O. Sulzberger died." *New York Times*, 29.09.2012. Meine Übersetzung.

technische Aufwand sehr groß. Lange und aufwändige Vorbereitungen erfordern extremes Engagement des Personals und Geld. Oft fragt man sich aber, wenn man die journalistischen Ergebnisse betrachtet, ob der Aufwand gerechtfertigt war. Kurze Politikerstatements, allenfalls ein paar Routinefragen – und das war es dann oft. Ein amerikanischer Kollege sagte einmal im Gespräch am Rande eines der großen Parteikongresse vor einer US-Präsidentenwahl: „We invest more into access than into information" – „Wir investieren mehr in den Zugang zum Ereignis als in die Informationen darüber". Leider wird seine Skepsis auch in Deutschland immer wieder bestätigt.

Dass die Öffentlichkeit über viele Vorgänge nicht oder nicht ausreichend informiert wird, liegt auch daran, dass wichtige Massenmedien sich auf zu kurze, unpräzise Nachrichten beschränken – viele Veröffentlichungen gleichen den stichwortartigen Kommentaren in sozialen Medien. Hier sind die klassischen Medien aber gefordert. Sieht man von den wenigen Qualitätszeitungen und wenigen Radio- und Fernsehprogrammen ab, dann fehlt es vor allem an Hintergrundinformationen. Diese sind aber wichtig für das Verstehen von Zusammenhängen. Politische Ereignisse haben stets eine Geschichte, und diese wird kaum berichtet. Das prozesshafte von Politik wird so gut wie nicht dargestellt. Es genügt nicht, auf die letzten zwei bis drei Wochen zu blicken, wenn man ein aktuelles Ereignis in den entsprechenden Zusammenhang stellen will. Die Gründlichkeit der Information, die Hintergrunderläuterung und die Darstellung von Zusammenhängen bleiben leider oft auf der Strecke. Dies hat auch mit dem enormen Tempo zu tun, das (Nachrichten-) Berichterstattung mittlerweile aufgenommen hat:

> „Die Grenzen von Zeit und Raum lösen sich auf, und so kann es sein, dass in New York ein Flugzeug im Hudson landet und nur wenige Minuten später jeder Mensch mit einem Smartphone Bilder vom Ort des Geschehens erhält. Das setzt auch klassische Nachrichtenproduzenten unter Druck, die immer schneller auf Ereignisse reagieren müssen und damit anfälliger für Falschmeldungen werden. Selbst ein Sturm kann dazu führen, dass gestandene Onlineportale hektisch Liveticker einrichten und minütlich Beiträge publizieren, um am Ende beinahe enttäuscht festzustellen, dass außer ein paar vollgelaufenen Kellern und einigen gesperrten Straßen nichts weiter passiert ist. Unter diesen Bedingungen können die Medien Informationen kaum mehr in einen Kontext einbetten, und es entsteht ein großer Interpretationsspielraum.“[87]

Mut zur Langsamkeit, Mut, sich nicht von anderen treiben zu lassen und Mut, auf Pseudoaktualität zu verzichten – so sollte die Antwort auf unseriöse Medienkanäle lauten. Versuche, es ihnen gleich zu tun, bewirken aber das Gegenteil von wirklicher Information. Hintergrund statt Oberfläche und Tiefe statt Breite – so können klassische Medien auch im Wettbewerb bestehen.

Mehr Hintergrund, mehr Analyse und weniger hektische Kurzinformationen erfordert von Journalistinnen und Journalisten auch das Aufarbeiten von Defiziten. Neben der kritischen Reflexion ihrer Haltungen, Einstellungen, politischen Präferenzen usw. geht es dabei vor allem um handwerkliche Präzision und Kompetenz. Erfahrene Journalisten antworten auf die Frage, welche die wichtigsten Voraussetzungen für diesen Beruf seien, gern „Neugier und der Wille, die durch Neugier erworbenen Informationen auch weiterzugeben.“ Das klingt gut und trifft auch

87 Römmele, Andrea. *Zur Sache! – Für eine neue Streitkultur in Politik und Gesellschaft*. Berlin: Aufbau, 2019, 83.

zu. Hinzukommen müssen aber eine sehr gute Allgemeinbildung und eine fundierte Ausbildung.

Insbesondere in der jüngeren Generation zeigen sich jedoch Probleme bei der Allgemeinbildung. Die formale Ausbildung ist heutzutage in der Regel gut, ein abgeschlossenes Hochschulstudium und ein Volontariat oder eine vergleichbare praktische Tätigkeit sind die Regel. Die Form von manchen Volontariaten kann man gewiss kritisch hinterfragen. Wenn sich Rundfunkanstalten etwa mit einer trimedialen Ausbildung schmücken, muss die Frage erlaubt sein, ob man Menschen damit nicht vielleicht doch überfordert und der Qualität eher schadet. Dennoch: Die praktische Ausbildung in den deutschen Medienhäusern ist sicherlich in der Regel gut. Damit ist aber das Problem der Allgemeinbildung nicht gelöst. Defizite zeigen sich deutlich bei der Sprache, hier unterlaufen einfach zu viele Fehler. Wenn selbst Führungskräfte öffentlich-rechtlicher Rundfunkanstalten in Sendungen von „Rundfunk“ sprechen, wenn sie „Hörfunk“ oder „Radio“ meinen und offenbar nicht wissen, dass „Rundfunk“ der Oberbegriff für Radio und Fernsehen ist, darf man sich nicht wundern, wenn Nachwuchsjournalisten Fehler machen, die von Vorgesetzten nicht einmal als solche erkannt werden. Fehlende Allgemeinbildung führt auch – und zwar zu Lasten der Informiertheit der Adressaten – zu einem unprofessionellen Umgang mit Quellen insgesamt und bei der Einschätzung von Interviewaussagen im Besonderen. Aussagen von Interviewpartnern, insbesondere Experten aus Wirtschaft und Wissenschaft, werden daher oft unhinterfragt wiedergegeben, solange sie mit den Erwartungen der Journalisten übereinstimmen. Dabei wären Gespräche mit Fachleuten aus Wirtschaft und Wissenschaft eine Chance, den Lesern, Hörern und Zuschauern authentische Informationen zu liefern. Voraussetzung wäre aber, man würde – stellvertretend für die Adressaten – Wissensfragen stellen und dann die Befragten ausreden lassen – gegebenenfalls nachfragen. Selbst Politikeraussagen werden selten kritisch hinterfragt – es sei denn, es geht um „Mainstream-Gegner", wie die AfD oder bestimmte US-amerikanische Politiker. In verhörartigen Gesprächen wird dann sehr oft versucht, eine Bestätigung der eigenen (meist wenig fundierten) Vorurteile zu erhalten. Wehe, wenn nicht – dann wird man unfreundlich und patzig. Dies nennt man dann „kritischen Journalismus".

Solche Defizite sind besonders problematisch, weil den Journalisten heutzutage, da fragwürdige Publikationen zunehmend Einfluss auf die Gesellschaft gewinnen, eine immer größere Verantwortung zukommt. „Jeder kann heutzutage Journalist sein" beschreibt ja eher ein Informationschaos als eine informierte Gesellschaft. Aus diesem Grund kommen auf die professionellen Journalisten neue, wichtige Funktionen, zu:

> „Das heutige Bild eines Journalisten ist deshalb nicht mehr das eines Gatekeepers, glaube ich, sondern das des Kurators. Derjenige, dem Sie zutrauen, dass er für Sie auswählt, welchen Informationen Sie ihre begrenzte Zeit und Aufmerksamkeit widmen sollen. Das ist keine Machtposition mehr – sondern eine Dienstleistung. Eine wertvolle Dienstleistung allerdings. Diese Auswahl ständig selbst zu treffen, wäre heute zwar grundsätzlich möglich – aber letztlich ist es ineffizient. Sie wollen nicht jeden Tag 100 Blogs lesen oder 1 000 Blogs oder 250 000 Dokumente auf Wikileaks durchsehen. Sie brauchen jemanden, der Ihnen empfiehlt, was Sie sich ansehen sollen. Sie können das über Ihren Facebook-Newsfeed erledigen und nur das lesen, was Ihnen Ihre *Facebook*-Freunde schicken. Ich bin nicht ganz sicher, ob Sie dadurch ein besonders umfassendes Bild vom Weltgeschehen bekommen."[88]

88 Wolf, Armin. *Wozu brauchen wir noch Journalisten?* Wien: Picus, 2013, 78.

Zur informierten Gesellschaft gehören Journalistinnen und Journalisten, die ihre Aufgabe wahrnehmen und sich zugleich der Verantwortung bewusst sind, die mit Presse- und Informationsfreiheit verbunden ist. Nur so ist das Vertrauen, das ja viele Menschen in die klassischen Medien haben, zu rechtfertigen. Im Zusammenhang mit dem Selbstverständnis von Journalismus und Medien wurde darauf bereits ausführlich hingewiesen. Aber mit Blick auf die Zukunftsperspektiven, auf die Chance, dass aus der Informationsgesellschaft auch eine informierte Gesellschaft wird, soll noch einmal deutlich gemacht werden, welche Chancen hier unter Umständen vergeben werden:

> „Journalisten und Journalismus werden auch und gerade in der Zukunft eine wichtige Rolle spielen. *Twitter* und *Facebook* können den Journalismus nicht ersetzen. Ganz im Gegenteil. In Zeiten eines ungebremsten Info-Tsunamis wird es immer wichtiger, aus dem Gewoge der Banalitäten die wichtigen und vor allem richtigen Informationen herauszufiltern. Diese Tätigkeit erfordert nicht nur das notwendige professionelle Rüstzeug, sie ist auch mit großer gesellschaftspolitischer Verantwortung verbunden. Wir sind also beim Problem der Ethik im Journalismus angelangt. Wir sind bei der Frage angelangt, was Journalisten schreiben sollen, dürfen – und müssen. Die Frage ist weniger absurd als sie scheint. Haben wir nicht die Pressefreiheit, die dem Journalisten und der Journalistin umfassende Schreibrechte einräumt? Ja, aber. Auch in einer Gesellschaft wie unserer, die sich weitgehend der Pressefreiheit erfreut, gibt es Grenzen des Journalismus. Und zwar ethische Grenzen. Nur: Wo liegen sie? Sicherlich nicht dort, wo das Strafrecht sie zieht. Wer geheime Regierungsdokumente enthüllt oder einen peinlichen E-Mail-Verkehr der Demokraten im US-Präsidentschaftswahlkampf, der mag gesetzliche Vorschriften verletzt haben. Als Anhänger des Rechtsstaates finde ich es richtig, dass die betreffenden Journalisten und Enthüller auch die Härte

dieser Gesetze zu spüren bekommen. Denn im Rechtsstaat steht niemand über dem Recht... auch nicht Journalisten und Enthüller. Im Rechtsstaat heiligt der Zweck niemals die Mittel."[89]

Gefordert ist in Zukunft – mehr denn je – also journalistische Qualität. Nur Qualitätsjournalismus kann die beiden größten Probleme der heutigen Medienwelt lösen: Er kann dafür sorgen, dass dubiose Publikationsplattformen nicht zur Hauptnachrichtenquelle der Gesellschaft werden und dass es den klassischen Medien gelingt, aus der Informationsgesellschaft eine informierte Gesellschaft zu machen. Der so oft zitierte „mündige Bürger" benötigt Qualitätsinformationen. Um mündig zu sein, müssen Bürger lernen – und das gelingt nur mit Hilfe seriöser Medien – politische und auch wirtschaftliche Mechanismen zu verstehen. Nur so können sie Lügen und Verschwörungstheorien als solche erkennen, denn „[m]ündig sind Bürger nicht, wenn sie irgendeiner Politik zustimmen. Mündig sind sie, wenn sie sich von keiner täuschen lassen."[90]

Qualitätsmedien, Qualitätsjournalismus – ein sehr hoher Anspruch. Doch, was bedeutet journalistische Qualität? Ist sie definierbar, ist sie möglicherweise sogar messbar? Die Kommunikations- und Medienwissenschaft hat – nachdem man lange Zeit davon ausging, journalistische Qualität lasse sich nicht messen – vier Verfahrensweisen entwickelt:

„1. Direkte Messung von Qualitätskriterien: Zumindest einige der Qualitätsdimensionen lassen sich – zum Beispiel im Rahmen von Inhaltsanalysen – direkt messen. Relativ einfach geht das zum Beispiel bei Aktualität, Interaktivität und Transparenz.

89 Koller, Andreas. *Journalismus. Macht. Wirklichkeit. Wozu Journalismus dient. Woran er krankt. Und was er mit der Politik zu tun hat.* Wien: Picus, 2017, 51.

90 Konrad György zitiert nach Teusch, Ulrich. *Lückenpresse. Das Ende des Journalismus, wie wir ihn kannten.* Frankfurt: Westend Verlag, 2016, 9.

2. Publikumsgunst: Danach ist Qualität das, was die Leser, Hörer und Zuschauer für Qualität halten. Messgrößen sind (durchaus umstrittene) Parameter wie verkaufte Auflagen und Einschaltquoten, Marktanteile und Reichweiten, Haushalts- oder Zielgruppenabdeckung.
3. Expertenurteile: Qualität ist demzufolge, was anerkannte Experten als Qualität definieren. Beispielsweise vergeben Jurymitglieder, die meist selbst hohes Ansehen genießen, die in der Fachzunft anerkannten Journalisten- und Medienpreise. Der jeweiligen Entscheidung liegen – implizit oder explizit – professionelle Qualitätsmaßstäbe zugrunde.
4. Indirekte Indikatoren: Diese Variante der Qualitätsbewertung fußt auf der Annahme, dass Qualität sich mit hoher Wahrscheinlichkeit einstellt, wenn bestimmte Voraussetzungen erfüllt sind. Gemessen wird also nicht der qualitative Output, sondern der Input, das heißt je zahlreicher und besser ausgebildet die Redakteure, je größer das Redaktionsbudget, je mehr Agenturdienste und Korrespondenten, desto besser fällt das zu erstellende journalistische Produkt aus.

Gegen jedes dieser Messverfahren lassen sich triftige Einwände finden. Wissenschaftlich verlässliche Qualitätsaussagen sind daher am ehesten zu erwarten, wenn man sich bei der Bewertung journalistisch-redaktioneller Leistungen eines Methoden-Mixes bedient.“[91]

Für kritische, qualitätsbewusste Mediennutzerinnen und -nutzer sei eine eher praxisbezogene kleine Checkliste empfohlen. Sie hilft sicherlich, die Qualität der genutzten Medien zu beurteilen, das tägliche Ausmaß der Nichtinformation zu erkennen und das eigene Mediennutzungsverhalten daran zu orientieren:

91 Russ-Mohl, Stephan. „Qualität.“ In: Hachmeister, Lutz (Hrsg.). *Grundlagen der Medienpolitik. Ein Handbuch*. München: Deutsche Verlagsanstalt, 2008, 327–332, hier 327.

- Habe ich heute die Nachrichten bekommen, die für mich wichtig sind? Woher kamen diese?
- Habe ich das Gefühl, mir wurde etwas Wichtiges vorenthalten?
- Wurde versucht, mich zu beeinflussen?
- Habe ich zu den für mich wichtigen Themen wichtige Details vermisst?
- Wurden mir die Zusammenhänge ausreichend erklärt?
- Sind mir umstrittene Themen jetzt klarer?
- Waren die Medien, die ich heute genutzt habe, politisch neutral oder parteiisch? Ist Neutralität für mich wichtig oder ist mir die Bestätigung meiner eigenen Meinung wichtiger?
- Gab es zu viel leere Phrasen von Politikern und gewinne ich den Eindruck „Es ist zwar schon alles gesagt, nur noch nicht von allen"?
- Habe ich heute wirklich einen Überblick über das aktuelle Geschehen erhalten?

Immer wieder gibt es Versuche, die Qualität der Nachrichtenvermittlung zu verbessern, verbunden mit der Idee, der Öffentlichkeit das zu vermitteln, was sie braucht, was für sie wichtig ist. Manche Konzepte sind, weil professionell begründet, gut, andere sind allenfalls gut gemeint. Meist geht es jedoch um Insellösungen, die sich nur auf ein bestimmtes, meist sehr überschaubares Gebiet anwenden lassen, die aber keinen Überblick über das aktuelle Geschehen insgesamt ermöglichen. Nur die Gesamtschau mit sinnvoller Themenauswahl und genügend Hintergrund kann aber zu einer wirklichen Informiertheit führen.

Die anfänglich erwähnte Empfehlung Rolf Dobellis, auf den Konsum aktueller Nachrichten ganz zu verzichten und sich in die Tiefe und in Hintergründe gehenden Medien zuzuwenden,[92] kann hier keine realistische Lösung sein. Würde man Dobelli folgen, hätte dies wegen des Fehlens wichtiger Alltagshinweise möglicherweise negative Auswirkungen.

Zu einer Mode sind inzwischen die von vielen Medien übernommenen „Fact-Checking"-Systeme geworden. Hier wird Selbstverständliches zu einer neuen Methode hochstilisiert. Man sollte schlicht bei gründlicher Recherche bleiben, denn diese ist seit jeher bei Qualitätsmedien Standard.

In England macht das Onlinemagazin *The Correspondent* seinen Lesern ein Gegenanggebot zu den Nachrichten mit „Höchsttempo um jeden Preis". Die Devise lautet „Unbreaking News" statt schneller Schlagzeilen. Auch hier wird in Form einer kleinen Insellösung ein Teil des Problems angegangen. Tempo in der Berichterstattung ist ja nicht grundsätzlich etwas Negatives. Es darf eben nur nicht heißen „Tempo um jeden Preis".

Zahlreiche Versuche, die Informationsqualität zu verbessern, beschränken sich letztlich auf die Bedienung bestimmter Zielgruppen oder aber ihre Aufmerksamkeit gilt speziellen Themenfeldern. Die einen wollen Menschen mit besonderem Sozialengagement mit Informationen versorgen, andere kümmern sich um einzelne Fachgebiete. Es fehlt aber auf dem deutschen Medienmarkt nichts weniger als Fachinformationen. Ein Streifzug durch das Internet oder auch ein Besuch in einem Zeitungsladen an einem größeren Bahnhof belegen dies eindrucksvoll.

Ein wirklich sinnvoller und mittelfristig auch erfolgversprechender Ansatz, Nachrichten im Sinne von größerer Informiertheit zu gestalten, kommt aus Dänemark. Das von dem langjährigen

92 Dobelli, Rolf. *Die Kunst des digitalen Lebens. Wie Sie auf News verzichten und die Informationsflut meistern*. München: Piper, 2019.

Nachrichtenchef der öffentlich-rechtlichen Rundfunkanstalt *Danmarks Radio*, Ulrik Haagerup, initiierte Projekt „Constructive News" will mit den allgemeinen Informationsangeboten keine Spezialinteressen bedienen, sondern die vorhandenen Nachrichtensysteme optimieren. Basierend auf dem allerorten zu hörenden Vorwurf, Nachrichten berichteten nur das Negative, sagt Haagerup zu Recht, man könne nicht plötzlich nur positive Nachrichten publizieren. Sehr differenziert meint das System „Constructive News":

> „Nicht mehr, sondern besser; nicht negativ, sondern kritisch; nicht angeberisch, sondern wissbegierig; nicht anklagend, sondern ermutigend; nicht schreierisch, sondern neugierig; nicht populistisch, sondern populär; nicht stumpfsinnig, sondern modern; nicht anklagend, sondern offen; nicht nur nach dem üblichen Wo, Wer und Wann fragen, sondern auch nach dem Wie und dem Was nun?"[93]

„Werden hier nicht journalistische Grundprinzipien wie objektive Nachrichtenauswahl, Kritik an bestehenden Zuständen und Kontrolle ‚der Mächtigen' infrage gestellt?", wird mancher fragen. Nein, denn dies ist überhaupt kein Widerspruch zu den professionellen Auswahlkriterien. Es handelt sich nur um einen – vielleicht weniger verstellten – Blick auf die Ereignisse und den Verzicht auf das Negative um jeden Preis. Was negativ ist, muss auch so dargestellt und bezeichnet werden. Es geht nicht um Schönreden und Weichspülen, sondern um das Aufzeigen von konstruktiven Aspekten – nicht etwa um Bewertungen. Es geht um die sprichwörtliche Kehrseite der Medaille. Die dänischen Journalisten

93 Haagerup, Ulrik. Constructive News. *Warum „bad news" die Medien zerstören und wie Journalisten mit einem völlig neuen Ansatz wieder Menschen berühren.* Salzburg: Oberauer, 2015, 30.

beweisen, dass dies funktionieren kann. Die Bereitschaft zum Modifizieren des journalistischen Selbstverständnisses ist allerdings erforderlich. „Es geht darum, dass gute Berichterstattung die Welt mit beiden Augen sieht.“[94]

Es kann in professionellen Informationsmedien nicht ausschließlich darum gehen, was die Adressaten wollen, was ihnen gefällt. Dies tun – nicht nur aber sie vor allem – internetbasierte Informationsangebote reichlich und nutzen dabei die vielfältigen Möglichkeiten der Manipulation. Vielmehr muss es um eine möglichst umfassende Darstellung des gesellschaftlich Relevanten gehen. Erreichen kann man aber das Publikum nur, wenn man dessen Mediennutzungsgewohnheiten kennt. Medienmacher müssen sich deshalb intensiv mit den Erkenntnissen der Mediennutzungsforschung beschäftigen. Warum dies eher selten geschieht, ist vermutlich nur mit der oftmals zu beobachtenden koketten Wissenschaftsfeindlichkeit von Journalisten zu erklären. Dies ist umso erstaunlicher, als ein Hochschulabschluss ja Voraussetzung für den Journalistenberuf ist.

Auch auf der Adressatenseite sind Verbesserungen denkbar. Dazu gehört auch die Medienerziehung an Schulen – solange die dafür verfügbaren Finanzmittel nicht ausschließlich für die Beschaffung digitaler Geräte verwendet werden.

Überinformation wird rasch zur Desinformation. Vielzahl wird oft mit Vielfalt verwechselt. Vielfalt können aber nur professionell gestaltete Medien garantieren. Nicht zufällig hat das Bundesverfassungsgericht in seiner jüngsten Entscheidung über den Rundfunkbeitrag auf die Garantie der Vielfalt durch den öffentlich-rechtlichen

94 Haagerup. *Constructive News*, 30.

Rundfunk abgehoben.[95] Diese Argumentation unterstreicht auch der österreichische Journalist Andreas Koller:

> „Eine moderne Demokratie ist ohne qualitätsvollen Journalismus ebenso wenig denkbar wie ohne Kunst und Kultur: Qualitätsvoller Journalismus trennt den Weizen der Politik von der Spreu der politischen Propaganda. Qualitätsvoller Journalismus bietet dem demokratischen Diskurs eine Plattform, auf der die Meinungen gegeneinander in Stellung gebracht werden können. Qualitätsvoller Journalismus hinterfragt die Handlungen der Regierenden und kontrolliert die Machthaber. Qualitätsvoller Journalismus verzichtet auf billigen Populismus und üble Volksverhetzung [...]. Qualitätsvoller Journalismus beschreibt politische Hintergründe und gibt seinen Leserinnen und Lesern solcherart die Möglichkeit, am Wahltag eine verantwortungsvolle Entscheidung zu treffen."[96]

Damit unsere Gesellschaft nicht nur eine Informationsgesellschaft, sondern auch eine informierte Gesellschaft sein kann, bedarf es zweier wesentlicher Voraussetzungen. Einerseits müssen die professionellen Medien ihre Chance nutzen und Qualität im Sinne von wirklich Wichtigem mit viel Hintergrund liefern. Sie müssen darauf verzichten, jeder Modeströmung willig zu folgen – in der falschen Vorstellung, man könne so Nutzer halten oder gar neue gewinnen. Andererseits liegt es am Publikum, diese Chancen, sich umfassend und zuverlässig zu informieren, auch zu nutzen. Das unkritische Vertrauen auf unseriöse Informationsangebote ist zwar kostenfrei – man zahlt aber oft den hohen Preis von Einseitigkeit und teils sogar der nicht einmal bemerkbaren Manipulation. Die überschaubaren Kosten für Qualitätsmedien – ob gedruckt,

95 Bundesverfassungsgericht, Urteil des ersten Senats vom 18.07.2018 zur Rechtmäßigkeit der Rundfunkbeitragspflicht (BVerfGE 149, 222–293).
96 Koller, *Journalismus. Macht. Wirklichkeit*, 114.

gesendet oder online – sind im Sinne der wirklichen Informiertheit eine gute Investition.

Zum Schluss eine uralte Empfehlung des US-amerikanischen Verlegers und Stifters des sicherlich bedeutendsten Journalistenpreises, Joseph Pulitzer aus dem frühen 20. Jahrhundert zum Thema „Nachrichten“:

> „Put it before them briefly so they will read it, clearly so they will appreciate it, picturesquely so they will remember it, and above all, accurately so they will be guided by its light.“

Sinngemäß übersetzt:

> „Präsentiert sie Menschen knapp, damit sie sie lesen, klar, damit sie sie schätzen, anschaulich, damit sie sich an sie erinnern, und vor allem korrekt, damit sie von ihrem Licht geleitet werden.“

Diese Empfehlung sollte auch heute noch zum Nachdenken anregen, und zwar Medienmacher und Mediennutzer gleichermaßen. Hinzuzufügen ist: „Man liefere weniger, aber wirklich wichtige Nachrichten und diese mit viel Hintergrund.“ Dann wird aus der Informationsgesellschaft möglicherweise eine informierte Gesellschaft.

Literaturverzeichnis

„Der große Duden“ (1985) 18. Neubearbeitung VEB-Bibliographisches Institut Leipzig.

Ashelm, Michael. „Mediennutzung steigt sprunghaft – Auch bei Kindern.“ *Frankfurter Allgemeine Zeitung*, 28.03.2020, 24.

Arnold, Bernd-Peter. *ABC des Hörfunks.* Konstanz: UVK, 1999.

Bach, Thomas; Weber, Mathias; Quiring, Oliver. „Das Framing der Finanzkrise. Deutungsmuster und Inter-Media Frame Transfer im Krisenherbst 2008.“ *Studies in Communication | Media 2, 1 (2012):* 193–224.

Baerns, Barbara. *Öffentlichkeitsarbeit oder Journalismus? Zum Einfluß im Mediensystem.* Konstanz: UVK, 2014.

Ball, James. *Post Truth. How Bullshit Conquered the World.* London: Biteback Publishing, 2017.

Beisch, Natalie; Schäfer, Carmen. „Internetnutzung mit großer Dynamik: Medien, Kommunikation, Social Media. Ergebnisse der ARD/ZDF-Onlinestudie 2020“ *Media-Perspektiven* 9 (2020): 462–481.

Bernewasser, Julia. „Der Lokaljournalismus – noch zu retten?“ In: Steinbrecher, Michael; Rager, Günther (Hrsg.). *Wenn Maschinen Meinung machen. Journalismuskrise, Social Bots und der Angriff auf die Demokratie.* Frankfurt: Westend Verlag, 2018, 193–204.

Bird, Roger. *The End of News.* Toronto: Irwin Publishing, 1997.

Bolz, Norbert. *Das kontrollierte Chaos. Vom Humanismus zur Medienwirklichkeit.* Düsseldorf: Econ Verlag, 1994.

Boorstin, Daniel J. *The Image. A Guide to Pseudo-Events in America.* New York: Harper Colophon, 1961.

Borchardt, Alexandra; Lück, Julia; Kieslich, Sabine; Schultz, Tanjev; Simon, Felix M. *Are Journalists Today's Coal Miners? The Struggle for Talent and Diversity in Modern Newsrooms – A Study on Jour-*

nalists in Germany, Sweden, and the United Kingdom. Telekom Stiftung, Reuters Institute, University of Oxford, Journalistisches Seminar der Johannes Gutenberg Universität Mainz, 2019.
Brady, John. *The Craft of Interviewing.* New York: Vintage Books, 1977.
Breisach, Emil. *Die Angst vor den Medien. Zähmbare Giganten.* Graz: Leykam Verlag, 1978.
British Broadcasting Corporation (BBC). *Producer's Guidelines – The BBC-Values and Standards.* 4. Auflage, o.J..
Bundesverfassungsgericht, Urteil des ersten Senats vom 18.07.2018 zur Rechtmäßigkeit der Rundfunkbeitragspflicht (BVerfGE 149, 222–293).
Bundesverfassungsgericht, Urteil des Ersten Senats vom 25.03.2014 zum ZDF-Staatsvertrag (BVerfGE 136, 9-68).
De Botton, Alain. *Die Nachrichten. Eine Gebrauchsanweisung.* Frankfurt: S. Fischer, 2015.
Dickinson, Tim. „Roger Ailes' Keys to Campaign Success. ‚Pictures, Mistakes and Attacks'." *Rolling Stone*, 06.06.2011.
Dobelli, Rolf. *Die Kunst des digitalen Lebens. Wie Sie auf News verzichten und die Informationsflut meistern.* München: Piper, 2019.
Elitz, Ernst. *Ich bleib dann mal hier. Eine deutsche Heimatkunde.* München: C. H. Beck, 2009.
Frees, Beate; Kupferschmitt, Thomas; Müller, Thorsten. „ARD/ZDF-Massenkommunikation Trends 2019: Non-lineare Mediennutzung nimmt zu. Ergebnisse der repräsentativen Studie im Intermediavergleich." *Media-Perspektiven* 7–8 (2019): 314–333.
Galtung, Johan; Ruge, Mari Holmboe (1965) „The Structure of Foreign News: The Presentation of the Congo, Cuba and Cyprus Crises in Four Norwegian Newspapers." *Journal of Peace Research* 2, 1 (1965): 64–91.
Gensing, Patrick. *Fakten gegen Fake News oder Der Kampf um die Demokratie.* Berlin: Bibliographisches Institut, 2019.
Georgi, Oliver. *Und täglich grüßt das Phrasenschwein. Warum Politiker keinen Klartext reden – und wieso das auch an uns liegt.* Berlin: Bibliographisches Institut, 2019.

Gleich, Uli; Puffer, Hannah. „Soziale und gesellschaftspolitische Funktionen regionaler Berichterstattung. Studienüberblick zum Bedürfnis nach Medieninhalten aus der eigenen Region." *Media Perspektiven* 1 (2019): 5–10.

Grobel, Lawrence. *The Art of the Interview. Lessons from a Master of the Craft*. New York: Three Rivers Press, 2004.

Grotzky, Johannes. *Warum Journalist werden? Beiträge aus der Praxis.* Norderstedt: Books on Demand, 2018.

Haagerup, Ulrik. *Constructive News. Warum „bad news" die Medien zerstören und wie Journalisten mit einem völlig neuen Ansatz wieder Menschen berühren.* Salzburg: Oberauer, 2015.

Habermann, Clyde. „Arthur O. Sulzberger died." *New York Times,* 29.09.2012.

Haller, Michael. „Transparenz schafft Vertrauen. Folgerungen aus der Fehlentwicklung des Journalismus." In: Lilienthal, Volker; Neverla, Irene (Hrsg.). *Lügenpresse. Anatomie eines politischen Kampfbegriffs*. Köln: Kiepenheuer & Witsch, 2017, 228–247.

Höhler, Gertrud. *Angela Merkel – Das Requiem*. Berlin: Ullstein, 2019.

Jackob, Nikolaus et al. „Medienvertrauen im Zeitalter der Polarisierung." *Media Perspektiven* 5 (2019): 210–220.

Jandura, Olaf; Kösters, Raphael; Wilms, Lena. „Mediales Repräsentationsgefühl in der Bevölkerung. Analyse nach politisch-kommunikativen Milieus." *Media Perspektiven* 3 (2018): 118–127.

Kahlweit, Cathrin. „Eklat um britische Pressefreiheit: Showdown in der Downing Street." *Süddeutsche Zeitung*, 05.02.2020.

Kepplinger, Hans Mathias. *Journalismus als Beruf.* Wiesbaden: Verlag für Sozialwissenschaften, 2011.

Kepplinger, Hans Mathias. *Mechanismen der Skandalisierung. zu Guttenberg, Kachelmann, Sarrazin & Co.: Warum einige öffentlich untergehen – und andere nicht.* München: Olzog, 2012.

Köcher, Renate. „Mehr Internet, weniger Orientierung. Mediennutzung im Vergleich." *Frankfurter Allgemeine Zeitung*, 25.01.2018, 5.

Koller, Andreas. *Journalismus. Macht. Wirklichkeit. Wozu Journalismus dient. Woran er krankt. Und was er mit der Politik zu tun hat.* Wien: Picus, 2017.

Köster, Bettina. „ ‚Ich war in der Tat nicht auf Augenhöhe mit Frau Furtwängler.‘ Claus Kleber und die ‚Saure Gurke‘.“ Interview in der Sendung „@mediasres – das Medienmagazin“ im *Deutschlandfunk*, 20.12.2017.

Kovach, Bill; Rosenstiel, Tom. *Blur – How to know what's true in the Age of Information Overload*. New York: Bloomsbury, 2010.

Kretzschmar, Sonja; Möhring Wiebke; Timmermann, Lutz. *Lokaljournalismus*. Wiesbaden: Verlag für Sozialwissenschaften, 2009.

Kuhla, Karoline. *Fake News*. Hamburg: Carlsen, 2017.

Kupferschmitt, Thomas; Müller, Thorsten. „Aktuelle Ergebnisse der repräsentativen Langzeitstudie ARD/ZDF-Massenkommunikation 2020. Mediennutzung im Intermediavergleich.“ *Media Perspektiven* 7–8 (2020): 390–409.

Lamp, Erich. „Ist einer von drei gleich jedem Dritten? Der Einfluss numerischer Äquivalente auf die Wahrnehmung und Bewertung identischer Sachverhalte.“ *ZA-Information / Zentralarchiv für Empirische Sozialforschung* 49 (2001): 49–68.

Landmeier, Christine; Daschmann, Gregor. „Im Seichten kann man nicht ertrinken? Boulevardisierung in der überregionalen deutschen Qualitätspresse.“ In: Blum, Roger; Bonfadelli, Heinz; Imhof, Kurt; Jarren, Otfried (Hrsg.). *Krise der Leuchttürme öffentlicher Kommunikation. Vergangenheit und Zukunft der Qualitätsmedien*. Wiesbaden: Verlag für Sozialwissenschaften, 2011, 177–191.

Lee, Martin A.; Solomon, Norman. *Unreliable Sources – A Guide to detecting Bias in News Media*. New York: Carol Publishing Group, 1990.

Lippmann, Walter. *Public Opinion*. New York: Simon and Schuster, 1970 [1922].

Mc Ginnis, Patrick J. *Fear of Missing Out. Practical Decision-Making in a World of Overwhelming Choice*. New York: Sourcebooks, 2020.

Meyen, Michael. *Breaking News: Die Welt im Ausnahmezustand*. Frankfurt: Westend Verlag, 2018.

Meyer, Thomas. *Die Unbelangbaren. Wie politische Journalisten mitregieren*. Berlin: Suhrkamp, 2015.

Michaelsen, Hans-Jörg. „Öffentliche Kriege und Private Schlachten.“ *DER SPIEGEL*, 10.11.2008, 77.

Müller-Ullrich, Burkhard. *Medienmärchen. Gesinnungstäter im Journalismus.* München: Karl Blessing Verlag, 1996.

Neuberger, Christoph. „Welche Medien braucht die Plattformgesellschaft?“ Vortrag beim Mainzer Medieninstitut, 06.03.2020.

Neverla, Irene. „ ‚Lügenpresse‘ – Ein Begriff ohne jede Vernunft? Eine alte Kampfvokabel in der digitalen Mediengesellschaft.“ In: Lilienthal, Volker; Neverla, Irene (Hrsg.). *Lügenpresse. Anatomie eines politischen Kampfbegriffs*. Köln: Kiepenheuer & Witsch, 2017, 18–44.

Postman, Neil. *Die zweite Aufklärung. Vom achzehnten ins einundzwanzigste Jahrhundert.* Berlin: Berlin Verlag, 2007.

Postman, Neil. *Information – Knowledge – Wisdom.* Vortrag beim „6th International Broadcast-News-Workshop“, Toronto 27.05.1998.

Postman, Neil. *Wir amüsieren uns zu Tode. Urteilsbildung im Zeitalter der Unterhaltungsindustrie.* Frankfurt: Fischer, 1985.

Przybylski, A. K.; Murayama, K.; DeHaan, C. R.; Gladwell, V. „Motivational, emotional, and behavioral correlates of fear of missing out.“ *Computers in Human Behavior* 29, 4 (2013): 1841–1848.

Pürer, Heinz. „Medien und Journalismus zwischen Macht und Verantwortung.“ *medienimpulse* 64 (2008): 10–16.

Römmele, Andrea. *Zur Sache! – Für eine neue Streitkultur in Politik und Gesellschaft*. Berlin: Aufbau, 2019.

Rosenstiel, Tom. „Talk-Show-Journalism.“ In: Cook, Philip S.; Gomery, Douglas; Lichty, Lawrence W. (Hrsg.). *The Future of News. Television, Newspapers, Wire Services, Newsmagazines.* Baltimore: Johns Hopkins University Press, 1992, 73–82.

Russ-Mohl, Stephan. „Qualität.“ In: Hachmeister, Lutz (Hrsg.). *Grundlagen der Medienpolitik. Ein Handbuch.* München: Deutsche Verlagsanstalt, 2008, 327–332.

Schimmeck, Tom. *Am besten nichts Neues. Medien, Macht und Meinungsmache.* Frankfurt: Westend, 2010.

Schneider, Wolf; Esslinger Detlef. *Die Überschrift: Sachzwänge – Fallstricke – Versuchungen – Rezepte.* Berlin: Econ, 2007.

Schneider, Wolf; Raue, Paul-Josef. *Das neue Handbuch des Journalismus und des Online-Journalismus*. Reinbek: Rowohlt, 2012.

Scholl-Latour, Peter. *Der Fluch der bösen Tat – Das Scheitern des Westens im Orient*. Berlin: Ullstein Verlag, 2015.

Schulz, Winfried. „Politikvermittlung durch Massenmedien." In: Sarcinelli, Ulrich (Hrsg.). *Politikvermittlung. Beiträge zur politischen Kommunikationskultur.* Opladen, Wiesbaden: Westdeutscher Verlag, 1987, 129–144.

Schulz, Winfried. *Die Konstruktion von Realität in den Nachrichtenmedien. Analyse der aktuellen Berichterstattung.* Freiburg: Alber, 1976.

Teichert, Will. *Die Region als publizistische Aufgabe. Ursachen, Fallstudien, Befunde.* Hamburg: Verlag Hans-Bredow-Institut, 1982.

Teusch, Ulrich. *Lückenpresse. Das Ende des Journalismus, wie wir ihn kannten.* Frankfurt: Westend Verlag, 2016.

Ulrich, Bernd. *Sagt uns die Wahrheit! Was die Politiker verschweigen und warum.* Köln: Kiepenheuer & Witsch, 2015.

Wegner, Stefan. „Ich liebe die Lügenpresse." In: Welzer, Harald; Carius, Alexander et al. (Hrsg.). *Die offene Gesellschaft und ihre Freunde.* Frankfurt: S. Fischer, 2016, 64–71.

Weidemann, Axel. „Mach es mit Herz, oder lass es! Bascha Mika verlässt die FR." *Frankfurter Allgemeine Zeitung,* 31.03.2020, 13.

Wolf, Armin. *Wozu brauchen wir noch Journalisten?* Wien: Picus, 2013.

Über den Autor

Bernd-Peter Arnold war nach seinem Jurastudium und Arbeit als Reporter und Redakteur über viele Jahre in Führungspositionen beim *Hessischen Rundfunk* tätig, unter anderem als Nachrichtenchef, als Wellenchef der Landeswelle *hr4* sowie des Nachrichtenkanals *hr-skyline* (heute *hr-info*). Er war und ist in zahlreichen internationalen Rundfunkgremien tätig. Seit über 30 Jahren lehrt er an der Johannes-Gutenberg-Universität in Mainz Kommunikationswissenschaft und Journalismus. 2007 wurde er dort zum Honorarprofessor berufen.